本书受广东省普通高校人文社会科学重点研究基地
暨南大学企业发展研究所出版资助

产业技术路线图：
应用情境与定制化开发方法

汤勇力 著

本书受国家自然科学基金面上项目“产业技术路线图的知识框架结构、知识互动过程及其定制化方法”（71571088）资助

科学出版社
北京

内 容 简 介

本书以广东省产业技术路线图项目中的典型案例为研究对象，采用跨产业领域的多案例比较研究方法，通过内容分析和文本分析等方法和工具考察这些路线图实践的主要应用情境因素及其在路线图方法设计方面的共性和差异，探讨产业层次应用情境因素对路线图知识结构和制定过程的内在影响机理。在此基础上，归纳、提炼和总结产业技术路线图的通用知识框架和制定过程，提出了适用于不同产业情境的路线图定制化开发方法。最后，基于路线图定制化开发方法的框架，对广东省典型产业技术路线图应用案例进行了个案研究。

本书可供从事研发、科技管理和技术路线图实践的企业、政府部门、大学和研究机构人员使用，可为开展技术路线图方法和理论研究的人员提供参考，也可作为高等院校研究生技术创新管理、研发管理等课程的参考资料。

图书在版编目（CIP）数据

产业技术路线图：应用情境与定制化开发方法 / 汤勇力著. —北京：科学出版社，2020.6

（暨南大学企业发展研究书丛）

ISBN 978-7-03-061530-5

Ⅰ. ①产… Ⅱ. ①汤… Ⅲ. ①产业发展 – 研究 Ⅳ. ①F260

中国版本图书馆 CIP 数据核字（2019）第 112818 号

责任编辑：陈会迎 / 责任校对：王晓茜

责任印制：张 伟/ 封面设计：蓝正设计

科 学 出 版 社 出版

北京东黄城根北街 16 号

邮政编码：100717

http://www.sciencep.com

北京建宏印刷有限公司 印刷

科学出版社发行 各地新华书店经销

*

2020 年 6 月第 一 版 开本：720 × 1000 B5

2020 年 6 月第一次印刷 印张：7

字数：150 000

定价：66.00 元

（如有印装质量问题，我社负责调换）

总　序

暨南大学企业发展研究所成立于2003年，为广东普通高校第一批人文社会科学重点研究基地，历史悠久，实力雄厚。近年来，本所充分发挥特色学科优势，集中利用暨南大学管理学院的科研资源与力量，以现代商业理念为指导，以企业转型发展为研究重点，运用多种先进方法，加强多学科协同，有针对性地开展研究和成果转化，形成了方向明确、特色鲜明的五个研究方向——社会责任观下的企业价值创造、行为公司财务和管理会计、组织行为与人力资源管理、生产运营与物流管理、品牌营销与旅游管理，取得了丰硕的研究成果，为广东省的经济建设和企业发展提供了有力的智力支持。

当前，我国的经济发展进入新常态阶段，经济结构与发展方式的不平衡性、不可持续性矛盾日渐凸显。企业作为经济发展的微观基础，既是社会价值和财富的创造者，也是经济状况的预报员。唯有多数企业实现以技术和管理创新为核心的转型发展，不断提高其自身的竞争力，才是应对当前挑战、实现经济结构调整和发展方式转变的根本途径。应当看到，我国企业在目前的转型发展过程中依然受到市场化改革不够深入、核心技术难以突破、先进的管理人才与理论普遍缺乏等瓶颈的制约，对企业转型发展理论新的进展需求也非常迫切。这就需要学者能够与时俱进，以更开阔的视野在相关领域开展理论与案例研究。

在上述目标的指引下，本所结合自身的研究特色，资助出版了这套“暨南大学企业发展研究书丛”。本套书丛不求全但求新，围绕以下三个方面开展研究，以反映最新的研究成果，突出实用性。

（1）依托中国本土文化特色，借鉴社会学与社会心理学的理论成果，探究互动行为与服务品牌资产之间的关联，寻找企业通过品牌管理获得竞争优势的路径。

（2）从企业持续发展的战略高度入手，开展管理模式创新研究，探索投资、知识创新、技术革新等要素对企业转型的推动作用，根据客户需求指引生产系统的动态定制，推动企业朝规范化、服务化、创新化方向转变。

（3）顺应旅游活动综合性的要求，用多维视角审视旅游业现状，不断创新旅游管理的理念、内涵、方法与模式，分析旅游业各要素的作用机制和影响效应等问题。

这套书丛囊括了本所部分学者长期研究积累的成果，本次结集出版也得到了科学出版社的大力支持。在书丛的编辑过程中，不仅注重每本书的学术水平，而且关注其使用价值，各位作者也都尽可能地将自己的最新研究成果阐述得通俗易懂，以启发更多的读者。由于这些研究成果仍有待完善，理论和方法运用还有不少值得改进之处，探索企业转型发展的研究还有待进一步深入。

希望通过此次的出版工作，一方面可以与国内外有关专家和同行分享相关领域的研究成果，另一方面可以接受各位专家的批评和建议，不断提高科研工作质量和科研成果水平，为我国和广东的企业转型发展贡献绵薄之力。

特此为序！

卫海英

暨南大学企业发展研究所

2015 年 3 月

前　言

“自主创新，方法先行”，2006 年以来广东省率先开展了“产业技术路线图”制定的实践探索活动，努力开拓自主创新工作的新思路和新方法。经过十余年的探索与实践，广东省围绕现代产业体系的建设要求制定了一系列产业技术路线图并面向社会发布，这些路线图的制定和应用在全国范围内产生了巨大的社会影响力，引起了地方政府、产业界和企业的积极响应、广泛参与，并得到了他们的高度评价。

作者对广东省产业技术路线图的研究起始于 2008 年度广东省科技计划专项“广东省产业技术路线图方法与制定研究”（2008A080402001）、2010 年国家软科学研究计划重大课题“产业技术路线图在战略性新兴产业培育中的应用研究”（2010GXS3K077）和 2011 年广东省科技计划国际合作项目“基于产业技术路线图的广东省战略性新兴产业培育机制研究”（2011B050800006）等课题研究工作。在这些课题的支持下，作者与曾路博士和李从东教授于 2014 年合作撰写并出版了《产业技术路线图：探索战略性新兴产业培育路径》一书。

本书的内容主要来自作者所主持的 2015 年国家自然科学基金面上项目“产业技术路线图的知识框架结构、知识互动过程及其定制化方法”（71571088）、2014 年广东省科技计划项目“面向网络知识互动的产业技术路线图制定与管理过程研究”（2014A080802004）和 2015 年广东省科技计划项目“适用于跨产业应用情境的产业技术路线图定制化方法”（2015A080803003）等课题的部分研究成果。

在上述课题的研究过程中，作者与曾路博士等一起赴英国剑桥大学技术管理中心进行访问，在所承担的 2013 年欧盟 FP7 项目和 2016 年欧盟 H2020 项目支持下又与欧洲学者开展合作，同时参与了多个广东省产业技术路线图项目的制定研讨会并与课题组成员和专家进行了深入交流。这些合作交流经历都使本书课题组获益匪浅。此外，本书课题组的胡欣悦等老师对研究工作和本书的撰写都做出了重要贡献，李剑敏、陆焯彬等研究生也承担了部分案例数据搜集分析等方面的工作。

希望通过本书的出版进一步推动产业技术路线图方法的应用，为我国企业自主创新和国家创新驱动发展战略的实施提供操作性的方法支持。

汤勇力

2018 年 5 月

目　　录

第 1 章　引言……1

1.1　我国和广东省的产业技术路线图实践……1

1.2　产业技术路线图的方法设计问题……2

1.3　产业技术路线图的定制化开发问题……3

1.4　本书的主要内容……5

第 2 章　技术路线图方法的发展与应用情境演变……9

2.1　技术路线图领域的总体研究概况……9

2.2　技术路线图在企业中的起源与发展……15

2.3　技术路线图应用情境的演变：从企业路线图到公共领域路线图……16

2.4　技术路线图方法的发展——企业路线图方法与产业路线图方法……19

2.5　技术路线图的应用情境与定制化方法……22

第 3 章　应用情境对技术路线图方法设计的影响……24

3.1　技术路线图的应用情境……24

3.2　技术路线图的方法设计……29

3.3　应用情境的影响机制……33

第 4 章　广东省产业技术路线图的跨产业多案例研究……36

4.1　跨产业多案例研究设计……36

4.2　个案数据搜集……38

4.3　跨案例比较分析……39

4.4　广东省产业技术路线图的应用情境……40

4.5　广东省产业技术路线图的方法设计……45

4.6　广东省产业技术路线图的共性框架结构和研讨会开发过程……58

4.7　应用情境对广东省产业技术路线图方法设计的影响……60

第 5 章　产业技术路线图的定制化开发方法……64

5.1　产业技术路线图的应用情境……65

5.2　产业技术路线图的通用集成规划框架……65

5.3 产业技术路线图的通用集成规划过程……67
5.4 产业技术路线图的定制化开发过程……70
第 6 章 产业技术路线图开发过程中的支持方法集成……75
6.1 产业技术路线图支持方法的分类……75
6.2 产业技术路线图应用情境与支持方法的选择……77
6.3 产业技术路线图制定过程中的支持方法应用……78
6.4 产业技术路线图开发过程与支持方法集成……79
第 7 章 案例:《广东省建筑陶瓷技术路线图》……82
7.1 传统产业改造的技术路线图应用情境……82
7.2 传统产业改造的技术路线图规划框架与开发过程定制……86
7.3 小结……89
第 8 章 案例:《广东省家电产品绿色制造产业技术路线图》……90
8.1 家电产品绿色制造产业技术路线图的应用情境……90
8.2 产业技术路线图的规划框架与开发过程定制……93
8.3 小结……97
参考文献……98

第1章 引　言

技术路线图是一种起源于企业实践的技术管理和规划方法，其采用基于时间的系统化框架（通常是图形形式的）和过程来捕捉、结构化和整合不同来源的跨领域知识与信息，并在这一知识互动过程中开发、表达和沟通愿景目标和战略计划，探索技术资源、组织目标和环境演变之间的动态联系（Phaal et al.，2004a）。从一般意义上来看，路线图是一组利益相关者关于如何到达他们所期望的终点或者如何实现他们所期望的目标所达成的共识（Probert and Radnor，2003）。Galvin（1998）将路线图定义为“通过对最显著的变革动因的构想和集体知识的融合所形成的对特定领域未来的展望”。技术路线图的制定过程通过参与者的集体学习和沟通构建起未来技术地貌和发展路径的共识性愿景（Kostoff and Schaller，2001）。一旦制定完成，技术路线图便可以在利益相关者中更广泛地传播和共享，并作为进一步对话和协同行动的参考坐标。

自从 20 世纪 70 年代首次在摩托罗拉公司（以下简称摩托罗拉）正式应用以来，技术路线图的应用情境从企业不断拓展到产业、行政区域、国家乃至国际层次（de Laat and McKibbin，2003；Probert and Radnor，2003；Amer and Daim，2010）。这些不同的路线图应用在发起组织、用途、对象等情境因素上具有较大差异，形成了不同的路线图格式、框架结构和制定过程（de Laat and McKibbin，2003；Phaal et al.，2001）。

1.1 我国和广东省的产业技术路线图实践

广东省于 2007 年在全国率先启动产业技术路线图制定试点工作，截止到 2014 年已陆续开展了 40 多个不同产业/技术领域的路线图制定工作，这些路线图针对传统产业升级和战略性新兴产业培育等公共政策目标，聚焦产业关键共性技术的开发及相关的产学研知识互动与协作（曾路等，2014）。在此影响下，湖北省、河北省、四川省、江西省、江苏省、浙江省、北京市、上海市、重庆市等省市也陆续针对重点产业领域开展产业技术路线图制定的探索，形成了全国范围内对路线图实践的关注（蒋玉涛等，2013）。这些路线图，尤其是广东省的产业技术路线图，均不同程度地借鉴了剑桥大学技术管理中心的企业层次 T-Plan 方法（Phaal et al.，2001），采用了类似的“市场—产品—技术”框架结构和制定程序（曾路和孙永明，2007；曾路等，2014）。但在实践过程中，由于面临着与企业层次路线图应用完全不同的应用情境，尤其是路线图对象与分析单元的差异（企业路线图——产品；产业路线图——产业）及路线图目标导向的差异（企业路线图——企业战略目标；产业路线图——公共政策目标）（黄萃等，2014；曾路等，2014），广东省的产业层次技术路线图逐渐呈现出与企业层次技术路线图不同的方法设计（包括知识结构框架、制定程序和知识互动过程）和结果形式（曾路等，2014），逐渐发展成为以政府为发起人、以产业为对象和分析单元、具有公共政策目标导向的技术路线图实践的新现象。

1.2 产业技术路线图的方法设计问题

技术路线图的方法设计包括两个主要的方面：知识框架结构和制定过程（制定程序、知识互动过程）（Phaal et al.，2004b）。技术路线图的框架决定了最终所制定的路线图报告中所整合知识的结构，也提供了路线图制定过程中用以从多个视角捕捉、结构化和共享跨领域知识的架构（Phaal et al.，2004a）。存储于路线图中的主要是显性知识，而路线图制定则是来自不同领域专家的知识互动过程，更多涉及显性知识与隐性知识的不断相互转换（Phaal et al.，2005）。技术路线图实践活动往往在一定的应用情境中开展（Garcia and Bray，1997；Phaal et al.，2003），相关应用情境因素包括不同类型的发起组织（企业、产业组织、政府机构、大学与研究机构等）、不同层次的对象分析单元（产品、产业、技术、科学等）及不同的目标导向（技术目标、组织战略目标、公共政策目标等）等方面（Carvalho et al.，2013；Amer and Daim，2010；de Laat and McKibbin，2003；Probert and Radnor，2003）。这些应用情境因素会影响路线图的知识框架结构和制定程序设计，从而导致技术路线图实践活动和输出结果的多样化（Phaal et al.，2004a；Phaal and Muller，2009）。在不同应用情境下的路线图知识框架结构、制定程序和输出结果表达方式的差异是当前技术路线图领域文献关注的焦点之一（如 Phaal et al.，2001；Kajikawa et al.，2008；Blackwell et al.，2008；等等）。然而，一方面，一些研究仅关注如何从特定的维度对不同的技术路线图进行分类（如 Garcia and Bray，1997；Kappel，2001；Albright and Kappel，2003；Beeton et al.，2008；等等），并没有给出这些不同类型的路线图在知识框架结构、制定程序和知识互动过程等方面所存在的共性和差异的全面解释；另一方面，探讨应用情境因素对技术路线图知识框架结构和制定程序影响的文献多集中于对企业层次技术路线图的研究（如 Phaal et al.，2004a；Phaal and Muller，2009；等等），无法直接推广到产业层次。作为当前出现在国内，尤其是在广东省逐渐形成规模的以政府为发起人、以产业为对象和分析单元、具有公共政策目标导向的技术路线图的新实践现象，具有什么样的知识框架结构、制定程序和知识互动过程？在不同的产业领域，路线图的知识框架结构、制定程序和知识互动过程都存在哪些共性和差异？这些共性和差异的形成主要受到哪些应用情境因素的影响？不同的应用情境因素对产业技术路线图的知识框架结构、制定程序和知识互动过程具有什么样的内在影响机理？这些问题在当前的文献中尚未有清晰的解答。

1.3 产业技术路线图的定制化开发问题

为了更好地满足特定应用情境的要求及取得更好的应用效果，并使已有的技术路线图实践知识和经验更容易复制到新的路线图应用中，一些学者提出了基于通用知识框架结构和标准制定程序的技术路线图定制化方法（Phaal et al.，2004a；Lee and Park，2005；Phaal and Muller，2009）。针对企业层次的应用情境，剑桥大学技术管理中心提出了 T-Plan 通用框架和标准程序，并在此基础上开发了针对不同应用情境的定制化方法（Phaal et al.，2004a），成为被普遍认可的具有代表性的企业层次技术路线图方法。但是对于其他类型的应用情境，尤其对产业层次和政府发起的路线图活动的研究却相对较少（Yasunaga et al.，2009），尚未形成系统化的、可被广为接受的通用知识框架结构、标准制定程序与知识互动过程及定制化方法。我国和广东省的产业技术路线图实践在开始时均不同程度地借鉴了剑桥大学技术管理中心的企业层次 T-Plan 方法（曾路和孙永明，2007；曾路等，2014）。然而，以企业为发起人、以产品为分析单元、以企业发展战略为目标的企业层次路线图方法，并不能被简单地照搬至以政府机构为发起人、以产业为分析单元、具有公共政策目标（推动传统产业升级和战略性新兴产业培育）导向的产业层次技术路线图实践。从路线图知识框架结构的角度来看，面向企业层次的“市场—产品—技术”路线图框架并不能体现政府机构发起产业技术路线图的公共政策目标导向，也无法支持分析政府机构所拥有的政策手段对于产业发展和技术创新的影响（黄萃等，2014；曾路等，2014）。从路线图制定程序和知识互动过程来看，产业技术路线图制定是一种产业社区网络层次的产学研知识互动实践（Muller-Seitz，

2012；Jeffrey et al.，2013），与企业技术路线图制定所涉及的内部跨部门知识互动在互动层次和机制方面具有较大差异。在广东省产业技术路线图实际应用中，也逐渐显现出 T-Plan 方法的指导作用有限，依旧存在将路线图方法向更广泛产业和技术领域推广的知识转移障碍。针对产业技术路线图应用情境的共性特征应该采用什么样的通用路线图知识框架结构、制定程序和知识互动过程？进而应如何对路线图知识框架结构、制定程序和知识互动过程进行定制化设计以适用于不同产业的特定应用情境？这些尚未得到解答的问题在当前文献中还存在知识差距，也已经成为阻碍我国产业技术路线图实践进一步推广和发展的障碍。

从所采用的研究方法角度对国内外技术路线图文献进行系统化梳理和分析可以发现（具体文献分析请见第 2 章），Web of Science 数据库中所检索出的科学引文索引扩展版（Science Citation Index Expanded，SCIE）/社会科学引文索引（Social Science Citation Index，SSCI）收录期刊中的国际技术路线图论文所采用的研究方法中，案例研究方法为绝对主流（72.1%）。而从中国知网（China National Knowledge Infrastructure，CNKI）数据库检索出的中文社会科学引文索引（Chinese Social Sciences Citation Index，CSSCI）收录期刊中的国内技术路线图论文中，采用概念与理论研究方法的最多（48.3%），采用案例研究方法的相对较少（32.8%）。尤其是针对产业层次应用情境的路线图论文中，国内论文采用案例研究方法的比例（50%）远低于国际论文（87.5%）。这首先反映了技术路线图主题的研究问题本质上和当前研究阶段比较适合采用案例研究方法，也反映了当前国内对技术路线图的研究与国际同类研究相比还相对滞后，定性的概念和理论探讨较多，而原创性的实证案例研究较少。通过进一步考察可以发现，国内外针对产业层次应用情境的技术路线图论文大多数只考虑单个产业/技术领域，尚不能支持解释不同产业/技术领域的技术路线图在知识框架结构、制定程序和知识互动过程方面所存在的共性和差异，也不能支持将特定产业/技术领域的路线图方法推广应用到更广泛的产业/技术领域。

为解答上述问题，本书将研究焦点定位于产业层次的路线图应用情境，从路线图知识框架结构和知识互动过程的视角切入，以广东省产业技术路线图项目中的典型案例为研究对象，采用跨产业领域的多案例比较研究方法，首先通过跨案例的比较分析，考察这些路线图实践的主要应用情境因素及其在知识框架结构、制定程序和知识互动过程方面的共性和差异，探讨产业层次应用情境因素对路线图知识框架结构、制定程序和知识互动过程的内在影响机理。在此基础上，本书将进一步归纳、提炼和总结产业技术路线图的通用知识框架结构、制定程序和知识互动过程，提出能够适用于不同产业情境的路线图定制化设计方法，并结合典型案例进行个案研究。

本书一方面能够补充当前文献中存在的知识差距，对于技术路线图的理论研究具有重要意义，另一方面对于当前我国和广东省的产业技术路线图实践也具有重要的应用价值。

（1）聚焦产业层次情境中技术路线图活动的新现象，为更广泛应用情境中的多样化技术路线图实践活动提供理论解释。已有的探讨应用情境因素对技术路线图知识框架结构和制定过程的影响的文献主要关注企业层次的应用情境（如 Phaal et al.，2004a），尚无法解释产业、行政区域、国家乃至国际层次（de Laat and McKibbin，2003；Probert and Radnor，2003；Amer and Daim，2010）路线图活动在知识框架和制定程序方面的共性和差异。针对当前出现在国内，尤其是在广东省逐渐形成规模的以政府为发起人、具有公共政策目标导向的产业层次技术路线图活动的新实践现象，本书将致力于将企业层次情境中的技术路线图理论推广到更广泛应用情境中，尤其关注产业层次应用情境与相关路线图活动的联系。

（2）为产业层次应用情境中的路线图定制化开发提供理论和方法。当前对于企业层次技术路线图方法的研究已经形成了以 T-Plan 为代表的成熟方法（Phaal et al.，2001），而对于国家、产业、技术等层次的路线图方法研究则相对较少，尚未形成系统化的、可被广为接受的方法和过程。本书将在广东省的跨产业技术路线图案例基础上，归纳、提炼和总结产业层次的通用路线图框架和开发过程，并进一步依据应用情境因素对路线图活动的影响机理，提出能够适用于不同产业情境的路线图定制化设计方法。

（3）为我国和广东省的产业技术路线图实践活动提供理论参考。在我国以广东省为代表的产业技术路线图实践已经成为创新系统中的重要产学研知识互动活动。本书以广东的产业技术路线图实践为研究对象，探讨其特殊的应用情境因素和合适的定制化开发方法，有利于提高产业技术路线图制定过程的可重复性和后续的应用效果，降低将产业技术路线图方法推广到更广泛的产业和技术领域的知识转移障碍。

（4）为企业参与产业技术路线图活动提供理论参考。产业技术路线图在创新系统中的作用主要包括两个方面（McDowall，2012）：一方面通过官、产、学、研等创新主体的共识达成来消除产业发展和技术变革的阻力，另一方面通过关键技术和研发需求的识别来提供技术创新的搜索方向指引。因此，本书一方面有助于促进企业作为创新主体通过积极参与产业技术路线图活动并依据自身战略目标来影响产业发展和技术创新的方向，另一方面能够促进企业在自身的技术创新过程中更好地使用产业技术路线图成果作为搜索方向指引。

1.4　本书的主要内容

本书将以广东省跨产业的技术路线图项目中的典型案例为研究对象，针对这种当前出现在国内，尤其是在广东省逐渐形成规模的以政府为发起人、具有公共政策目标导向的产业层次技术路线图活动的新实践现象，聚焦应用情境（包括使用情境、对象情境和制定情境）对产业技术路线图方法设计［包括知识框架结构，以及制定程序和知识互动过程］的影响机制和产业技术路线图的定制化方法两个相互关联的核心问题，以路线图项目为分析单元进行研究设计和变量选取，进而制订数据搜集方案并开展跨产业领域的多案例比较研究。研究概念框架如图 1-1 所示，相关研究内容按此框架展开，分为四个主要的部分。

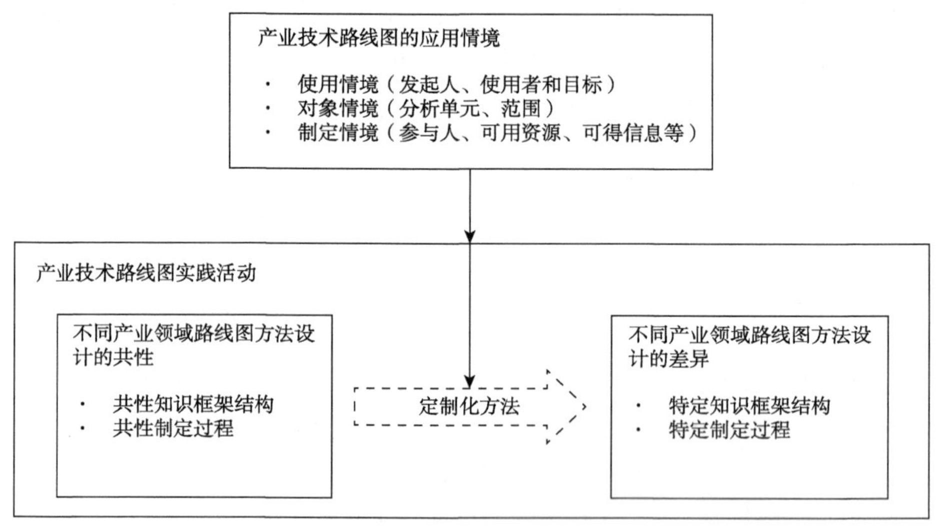

图 1-1　研究概念框架

（1）产业技术路线图的方法设计。在技术路线图的通用知识框架模型（Phaal et al.，2004a；Phaal and Muller，2009）基础上来映射和考察广东省典型产业技术路线图知识框架结构，包括时间（横轴）和层次（纵轴）两个维度，以及“know-why”（为何）、“know-what”（是何）、“know-how”（如何）、“know-who”（何人）、“know-where”（何处）、“know-when”（何时）等不同的知识视角。对比分析不同产业领域的路线图在知识框架结构上的共同点和差异。同时，基于技术路线图制定的三阶段程序模型（Carvalho et al.，2013）来映射和考察广东省典型产业技术路线图的制定程序。从路线图制定程序的维度来考察不同阶段的路线图制定活动：①路线图准备与计划阶段的目标范围确定、定制设计、进度安排与筹备等活动；②路线图开发阶段研讨会的议题范围及顺序安排，每个研讨会来自不同官、产、学、研组织的参与者组成结构等方面；③路线图使用与管理阶段的成果评审、路线图利用、执行监控及更新修订等活动。

（2）应用情境对产业技术路线图方法设计的影响机制。在 Phaal 和 Muller

（2009）的技术路线图应用情境模型基础上，从路线图活动的主体（包括关键利益相关者，如发起人、使用者和制定参与者等）和对象（如产品和技术等）两个方面来考察广东省典型产业技术路线图的应用情境，包括使用情境（usage context）、对象情境（subject context）和制定情境（creation context）等三个维度。对比分析不同产业领域的路线图在应用情境上的共同点和差异：①从使用情境的角度考察以政府机构为发起人的不同产业领域的路线图在技术发展目标、公共政策目标和预期使用者（企业、学研机构、行业组织、政府机构等）方面的共同点与差异；②从对象情境角度考察不同产业领域的路线图在分析单元（产业、产品、技术等）和范围（产业范围、技术范围等）等方面的共同点与差异；③从制定情境的角度考察不同产业领域的路线图在参与人（企业、学研机构、行业组织、政府机构等）、可用资源和可得信息等方面的共同点与差异。在上述对不同产业领域的典型路线图的应用情境和方法设计（包括知识框架结构、制定程序和知识互动过程）的跨案例比较分析的基础上，分析应用情境因素（包括使用情境、对象情境和制定情境）对产业技术路线图方法设计的内在影响机理，尝试利用应用情境因素的差异来解释不同产业领域的路线图在方法设计方面的差异。

（3）产业技术路线图的定制化开发方法。参考剑桥大学技术管理中心的企业层次技术路线图定制方法（Phaal et al.，2004a）与 Lee 和 Park（2005）提出的根据用途进行技术路线图定制的方法，构建产业技术路线图的定制化开发方法。首先，根据广东省典型路线图的跨产业案例比较分析提炼产业技术路线图的共性知识框架结构和共性制定过程，并将其标准化为产业技术路线图的通用方法设计。其次，根据应用情境对产业技术路线图方法设计的影响机理，探讨基于特定产业领域应用情境分析的路线图定制化过程，包括路线图知识框架结构和开发过程的定制，以及支持方法的选择和集成。

（4）典型应用案例研究。对广东省典型产业技术路线图进行个案分析，进一步探讨如何针对特定产业领域应用情境对路线图方法设计进行定制。

本书的主要创新之处包括如下几个方面。

（1）针对当前出现在国内，尤其是在广东省逐渐形成规模的以政府为发起人、具有公共政策目标导向的产业层次技术路线图活动的新实践现象，本书致力于将企业层次情境中的技术路线图理论推广到产业层次情境中，能够解决当前关于技术路线图的文献（如 Phaal et al.，2004a）主要关注企业层次的应用情境，尚无法直接应用于产业、行政区域、国家等更广泛应用情境中的问题（de Laat and McKibbin，2003；Probert and Radnor，2003；Amer and Daim，2010）。

（2）从应用情境角度来系统化解释不同产业领域的技术路线图在知识框架结构、制定程序和知识互动过程方面的共性与差异，能够突破当前一些研究仅关注如何从特定的维度对不同的技术路线图进行分类（如 Garcia and Bray，1997；

Kappel，2001；Albright and Kappel，2003；Beeton et al.，2008；等等），而无法全面解释这些不同类型的路线图在知识框架结构、制定程序和知识互动过程等方面所存在差异的局限性。

（3）以广东省立项开展的产业技术路线图项目中的典型案例开展跨产业领域的多案例研究，归纳、提炼和总结产业层次的通用路线图知识框架结构和制定过程，并进一步依据应用情境对路线图方法设计的影响机理，提出能够适应不同产业情境的路线图定制化开发方法，能够突破当前文献中产业层次的路线图研究往往采用针对单个产业/技术领域的案例研究方法，难以将研究结论向广泛的产业/技术领域中推广的问题，推动产业层次路线图方法研究的发展。

第2章　技术路线图方法的发展与应用情境演变

本章将对技术路线图领域的国内外研究现状和发展动态进行综述分析，回顾技术路线图的起源、发展和应用情境演变的历程，为后续的研究奠定理论基础。

2.1　技术路线图领域的总体研究概况

为全面了解技术路线图领域的研究现状和发展动态，本书首先采用系统化文献综述（systemic literature review）方法（Transfield et al.，2003）梳理国内外相关研究文献。系统化文献综述方法最初起源于医学学科，主要目的是用系统化、透明化和可重复的过程来综述已有的文献，以降低潜在偏差并提高文献综述质量。近年来，系统化文献综述方法已经被越来越多地应用于管理学的不同研究领域。

本书选择 Web of Science 中的 SCIE/SSCI 期刊作为国际期刊文献检索来源，以及 CNKI 中的 CSSCI 期刊作为中文文献检索来源。这两个数据库分别覆盖了大部分的重要国际期刊和中文期刊，能够为本书提供具有代表性的文献样本。本书课题组根据已经初步界定的文献范围，利用相对应的中英文关键词对两个数据库进行检索，并进一步采用包含/排除规则对所检索到的文献进行筛选，以构建最终用于分析的文献样本集。

用关键词组合（"techn* roadmap*" or "techn* road-map*" or "techn* road map*" or "techn* route map*"）在 Web of Science 数据库中检索 SCIE/SSCI 来源期刊在 1985～2014 年所收录的论文，得到了 674 条记录。通过逐篇阅读题目、关键词和摘要，过滤掉其中以技术为主题，而与技术路线图的方法、过程和应用研究相关度低的论文，去掉部分新闻条目（news item）、编者材料（editorial material）和勘误（corrections）等，最终得到 151 篇文章用于后续的文献分析。

这些文章的年度分布如图 2-1 所示。技术路线图领域的第一篇学术论文是

Willyard 和 McClees（1987）在国际期刊 *Research Management* 上发表的介绍摩托罗拉的技术路线图方法与应用的文章，首次将技术路线图从实践领域引入学术研究领域。此后，学术界对于技术路线图方法和应用的关注越来越高，在 1987～2014 年的 20 多年内相关论文数量整体不断增加。尤其是在 2003 年之后的十几年里，已经逐渐形成了一个较为稳定的研究领域。

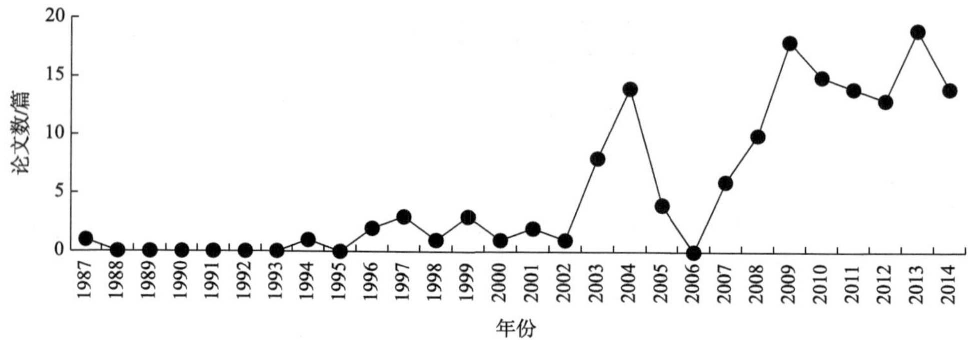

图 2-1　检索 Web of Science 所得到的技术路线图论文的年度分布（1987～2014 年）

从表 2-1 中技术路线图国际论文的期刊分布来看，这些论文主要发表于技术管理和创新管理类的期刊中。其中发表在 *Technological Forecasting and Social Change*、*Research-Technology Management*、*Technology Analysis and Strategic Management*、*International Journal of Technology Management*、*R & D Management* 五个期刊上的论文占了 55.6%，具有较高的集中度。

表 2-1　检索 Web of Science 所得到的技术路线图论文的期刊分布（1987～2014 年）

期刊名称	论文数/篇
Technological Forecasting and Social Change	35
Research-Technology Management	26
Technology Analysis and Strategic Management	10
International Journal of Technology Management	7
R & D Management	6
Technovation	5
Energy Policy	4
International Journal of Hydrogen Energy	3
Science and Public Policy	3
Journal of Engineering and Technology Management	3
其他期刊	49
总计	151

采用类似的程序，用关键词“技术路线图”在 CNKI 数据库中检索 CSSCI 来源期刊，得到了 153 条记录。同样地，通过逐篇阅读题目、关键词和摘要，过滤掉其中与技术路线图的方法、过程和应用研究相关度低的论文，最终得到 116 篇文章用于后续分析。

这些论文的年度分布如图 2-2 所示。国内第一篇关于技术路线图的学术论文是李雪凤等（2004）发表于《科学学研究》上的一篇文献综述。此后，尤其是 2007 年之后，技术路线图作为一个新兴的研究主题，受到的国内学术界关注度不断提高，也逐渐形成了一个稳定的研究领域。

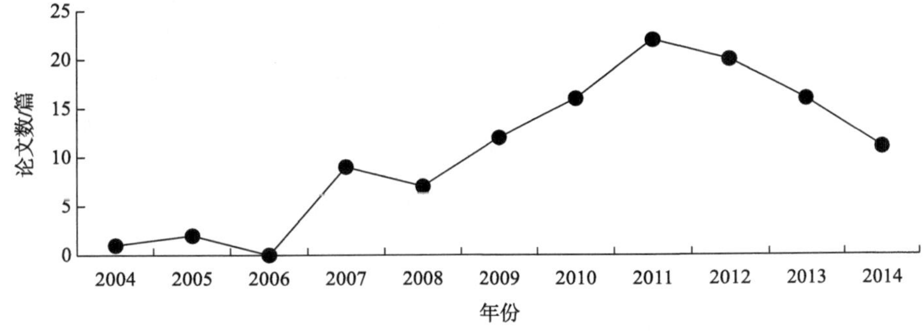

图 2-2　检索 CNKI 所得到技术路线图论文的年度分布（2004～2014 年）

从表 2-2 中技术路线图国内论文的期刊分布来看，这些文章主要发表于科技管理和情报类的期刊中，其中发表在《科技管理研究》《科技进步与对策》《中国科技论坛》《科学学与科学技术管理》《科学学研究》这五个期刊上的论文占了 68.1%，具有较高的集中度。

表 2-2　检索 CNKI 所得到技术路线图论文的期刊分布（2004～2014 年）

期刊名称	论文数/篇
《科技管理研究》	23
《科技进步与对策》	21
《中国科技论坛》	17
《科学学与科学技术管理》	10
《科学学研究》	8
《中国软科学》	5
《图书情报工作》	4
《情报杂志》	4
《现代图书情报技术》	3
《研究与发展管理》	2

续表

期刊名称	论文数/篇
其他期刊	19
总计	116

从所检索到的国内外论文所采用的研究方法来看，这些文章主要采用了如下 5 种研究方法：①案例研究；②基于仿真与建模的定量研究；③概念与理论研究；④文献综述；⑤调研。采用不同研究方法的国内外论文分布如表 2-3 所示。从 Web of Science 中所检索出的 151 篇国际论文中采用案例研究方法的占了绝大部分，总共有 109 篇（72.2%），采用仿真与建模方法的论文为 21 篇（13.9%），而采用调研（3 篇）、概念与理论研究（12 篇）及文献综述（6 篇）等研究方法的论文则相对较少。而从 CNKI 中所检索出的 116 篇国内论文中，采用概念与理论研究方法的论文总共 56 篇（48.3%）占了大多数，采用案例研究方法的论文总共 38 篇（32.8%），采用仿真与建模（9 篇）、调研（0 篇）和文献综述（13 篇）等方法的论文相对较少。

表 2-3 采用不同研究方法的国内外技术路线图论文分布

研究方法	Web of Science 论文数/篇	CNKI 论文数/篇
案例研究	109	38
仿真与建模	21	9
调研	3	0
概念与理论研究	12	56
文献综述	6	13
总计	151	116

从表 2-4 中所检索到的国内外论文中所针对的路线图应用情境的分布来看，这些文章主要针对如下 4 种类型的路线图应用情境：①企业；②学术研究机构；③产业；④区域、国家、科技等其他层次。可以看出，Web of Science 检索出的 151 篇国际论文中研究企业层次路线图应用情境的占了绝大部分，总共 99 篇（65.6%），研究区域、国家、科技等其他层次路线图应用情境的为 33 篇（21.9%），研究产业层次（16 篇，10.6%）和学术研究机构层次（3 篇）应用情境的较少。CNKI 中检索出的 116 篇论文中，研究产业层次路线图应用情境的最多（44 篇，37.9%），其次是研究区域、国家、科技等其他层次（38 篇，32.8%）和企业层次（31 篇，26.7%）路线图应用情境的论文，研究学术研究机构层次路线图应用情境的（3 篇）最少。

表 2-4　针对不同应用情境的国内外技术路线图论文分布

应用情境	Web of Science 论文数/篇	CNKI 论文数/篇
企业	99	31
学术研究机构	3	3
产业	16	44
区域、国家、科技等其他层次	33	38
总计	151	116

进一步考察国内外产业层次应用情境的技术路线图研究所采用的研究方法，16 篇关于产业层次应用情境的国际论文中有 87.5%（14 篇）采用了案例研究方法，仅有 2 篇论文采用了概念与理论研究方法。而 44 篇国内论文中仅有一半（22 篇）采用了案例研究方法，多达 38.6%（17 篇）采用了概念与理论研究方法。从产业/技术领域来看，这些国内外产业层次应用情境的技术路线图论文研究能源产业领域（包括传统能源与可更新能源领域）的最多（9 篇），其余涉及电子制造与半导体产业、汽车零部件产业、零件与材料加工产业、工程机械产业、电动汽车产业、物联网产业、生物制药产业等不同的产业/技术领域。但是大部分论文多针对单个产业/技术领域进行研究，仅有少数文章针对跨产业/技术领域的路线图案例开展研究。针对不同的产业层次应用情境的典型国内外路线图论文如表 2-5 所示。

表 2-5　针对不同的产业层次应用情境的典型国内外路线图论文

产业/技术领域	典型论文
传统能源与可更新能源领域	许冠南等，2014；黄萃等，2014；郭俊芳等，2014；李欣和黄鲁成，2014；张哲和冯宗宪，2012；Zhang 等，2014；Jeffrey 等，2013；McDowall，2012；Amer 和 Daim，2010
电子制造与半导体产业	谈毅和黄海波，2008；Rea 等，1997；Müeller-Seitz，2012
汽车零部件产业	刘传林等，2010；Wang 和 Chen，2012
零件与材料加工产业	Lee 等，2007；Coutinho 和 Bomtempo，2011；Saritas 和 Aylen，2010
工程机械产业	黄慧玲，2013
电动汽车产业	莫愁等，2013
物联网产业	李遵白和吴贵生，2011
生物制药产业	张俊祥等，2009
多个产业/技术领域	Kajikawa 等，2008；Yasunaga 等，2009

从上述对国内外技术路线图期刊论文和研究现状的总体分析可以看出以下几点。

（1）技术路线图是技术与创新管理领域的新兴研究主题，2003 年之后（图 2-1）已经得到了国际学术界的高度关注。国内对于技术路线图的研究起步较晚，但是从 2004 年开始，尤其是 2007 年之后国内学术界对技术路线图的关注度有了显著的提高（图 2-2），逐渐开始形成稳定的研究领域。

（2）国际技术路线图论文所采用的研究方法中，案例研究方法为绝对主流（占 72.2%）。而国内技术路线图论文中，采用概念与理论研究方法的最多（48.3%），采用案例研究方法的相对较少（32.8%）。这首先反映了技术路线图主题的研究问题本质上和当前研究阶段比较适合采用案例研究方法，也反映了当前国内对技术路线图的研究与国际同类研究相比还相对滞后，定性的概念和理论探讨较多，而原创性的实证案例研究较少。

（3）国际技术路线图论文主要偏向于企业层次应用情境的研究（65.6%）；而国内论文则主要侧重于产业层次（37.9%）和区域、国家、科技等其他层次（32.8%）路线图应用情境，研究企业层次应用情境的相对较少（26.7%）。这与国际和国内技术路线图的应用情况差异有关。技术路线图是一种起源于欧美发达国家企业实践的技术管理和规划方法（Phaal et al.，2004a），因此一直以来国际学术界主要关注企业层次路线图应用情境的研究。而随着路线图方法不断向产业、行政区域、国家乃至国际层次应用情境扩散（de Laat and McKibbin，2003；Probert and Radnor，2003；Amer and Daim，2010），尤其是 2000 年之后，这些更广泛应用情境中的路线图活动也逐渐得到了国际学术界的关注。而在国内，技术路线图在企业中的应用较少。国内学术界对于技术路线图的关注多来自以广东省为代表的各个省区市的产业层次技术路线图制定实践（蒋玉涛等，2013）和中国至 2050 年重要领域科技发展路线图研究（中国科学院，2009）等活动的影响。

（4）针对产业层次应用情境的路线图论文中，国内论文采用案例研究方法的比例（50%）远低于国际论文（87.5%）。这反映了国内在产业层次应用情境的路线图研究方面同样相对滞后，需要加强原创性案例研究。

（5）国内外产业层次应用情境的技术路线图论文大多数只针对单个产业/技术领域，只有少数文章进行跨产业/技术领域的研究，对于如何进行路线图定制以适应不同产业领域情境的研究较少，其结论难以推广到更广泛的产业/技术领域。这也造成了当前虽然在企业层次的应用情境中已经形成了以剑桥大学技术管理中心 T-Plan 为代表的成熟方法（Phaal et al.，2001），而在产业层次的应用情境中尚未形成系统化、广为接受的方法与过程（Yasunaga et al.，2009）。

针对上述研究缺口，本书对所检索到的文献在广泛阅读的基础上进一步筛选了针对产业层次路线图应用情境、侧重路线图框架结构和制定过程视角及采用案例研究方法的相关论文，并进一步对这些文章进行了深入分析，在下文将进一步详细展开并进行综合论述。

2.2　技术路线图在企业中的起源与发展

虽然并未见于正式记载的文字证据，有学者认为美国的通用电气公司在 1900 年前后曾经应用过技术路线图，美国铝产业在 20 世纪 50 年代也曾经出现过类似的活动（Amer and Daim，2010），也有学者认为技术路线图的起源可以追溯到美国汽车产业的一些早期活动（Prober and Radnor，2003）。

20 世纪 70 年代，在当时的首席执行官 Robert Galvin 的领导下，摩托罗拉成为第一个在整个公司范围内开展技术路线图系统化开发和应用的企业（Willyard and McClees，1987；Galvin，1998）。此后，尤其是 20 世纪 90 年代以来，竞争环境的变化导致产品研发周期大幅缩短、合作需求日益增长，技术路线图被企业广为采用来解决和应对这些问题，部分成功案例包括英国石油公司（Barker and Smith，1995）、飞利浦公司（Groenveld，1997）、朗讯科技公司（Albright and Kappel，2003）、罗克韦尔自动化有限公司（McMillan，2003）、通用汽车公司（Grossman，2004）、皇家邮政集团（Wells et al.，2004）、霍尼韦尔国际公司（Whalen，2007）等。

企业采用技术路线图的主要目的是支持产品技术规划活动，以保障技术开发活动与产品规划一致，并使产品规划符合企业和客户的需要（Phaal et al.，2001）。这些技术路线图应用针对产品规划、能力规划、战略规划、长期规划、知识资产规划、项目规划、过程规划或集成规划等不同的用途，具有多层次、条形图、表格、图表、图形、单层次、文本等不同的表达形式（Phaal et al.，2001）。

一项针对英国 2000 多家制造企业的调查表明，大约 10%的公司（大部分是大型企业）采用了技术路线图，其中 89%的公司不止一次或正在继续使用技术路线图（Phaal et al.，2003）。而根据日本经济产业省（Ministry of Economy，Trade and Industry，METI）（以下简称日本经产省）的估计，几乎 80%的日本企业都使用技术路线图来开展产品技术规划以促进研发部门和业务部门的沟通（Yasunaga et al.，2009）。虽然还没有更大范围的证据支持，但是这些有限的数据已经显示了技术路线图方法在企业中的广泛扩散。

2.3　技术路线图应用情境的演变：从企业路线图到公共领域路线图

随着技术路线图在企业中的广泛应用，自 20 世纪 90 年代以来路线图方法也逐渐被政府机构、研究机构、技术联盟、产业组织等创新系统中的非企业组织所采纳，应用于国家、区域、部门或产业层次的发展战略与公共政策制定中（de Laat and McKibbin，2003；Probert and Radnor，2003；Amer and Daim，2010）。企业的技术路线图往往被认为是商业机密，仅限于内部使用，不会对外公开发布（Amer and Daim，2010）。而国家、区域、部门或产业层次的技术路线图只有广泛传播才能够更好地发挥促进沟通、共识构建和创新方向指引的作用。因此，这些路线图往往会公开发布，甚至可以从互联网上免费下载，也被称为公共领域路线图（public-domain roadmaps）（Phaal，2011）。

剑桥大学技术管理中心搜集了 1900 多个可从互联网免费获取的公共领域路线图（Phaal，2011），这些路线图发布于 1992～2011 年，大部分发布于 2000 年之后，覆盖了化工、建筑施工、国防、电子、能源、健康、材料、信息与通信、交通等广泛的科学、技术与产业领域，如图 2-3 所示。

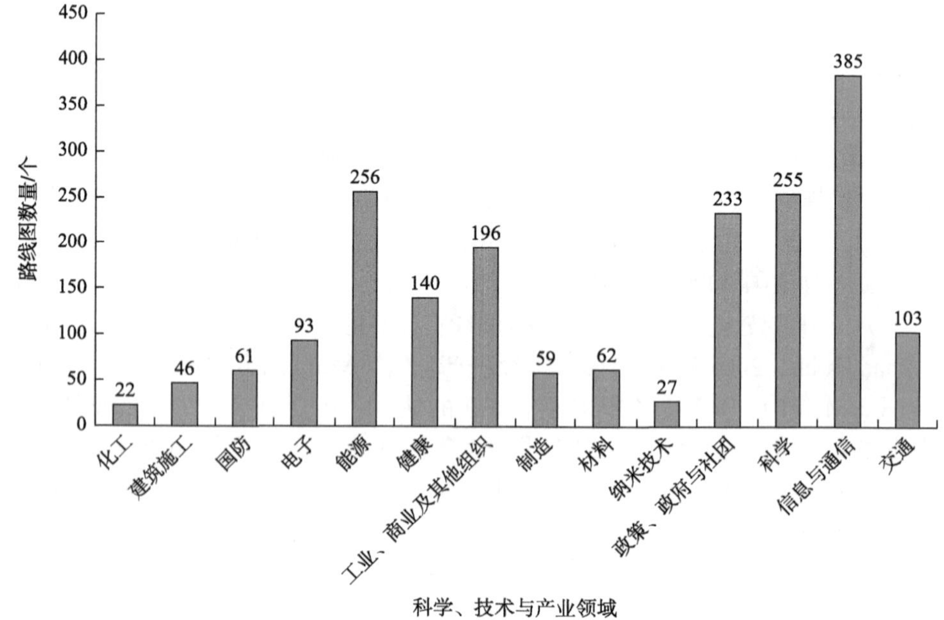

（a）不同科学、技术与产业领域的公共领域路线图分布（1992～2011 年）

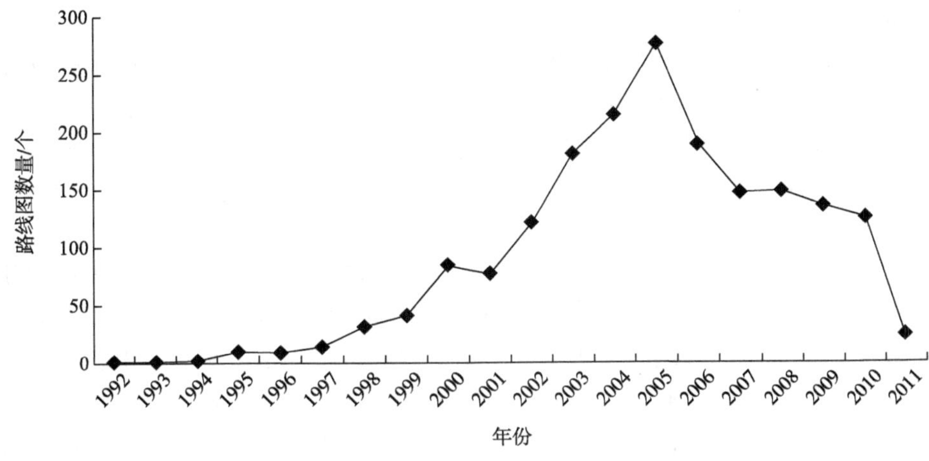

（b）公共领域路线图年度分布（1992～2011 年）

图 2-3　公共领域路线图分布统计

资料来源：根据 Phaal（2011）中的公共领域路线图列表绘制，统计截止日期为 2011 年 7 月 6 日

1992 年美国半导体产业协会（Semiconductor Industry Association，SIA）在美国政府的支持下发布的国家半导体产业技术路线图（national technology roadmap for semiconductors，NTRS）是被报道的第一个超企业层次（supra-company level）的技术路线图（Garcia，1997；de Laat and McKibbin，2003；Schaller，2001）。NTRS 从 1998 年开始演化为由美国、欧洲、日本、韩国和中国台湾等国家和地区的行业协会共同发起的国际半导体产业技术路线图（international technology roadmap for semiconductors，ITRS）（Schaller，2001），并被看作产业层次技术路线图的典范（Probert and Radnor，2003）和超企业层次技术路线图的鼻祖（de Laat and McKibbin，2003）。

自从 1992 年 NTRS 发布之后，技术路线图方法在国家、区域、部门或产业等层次的应用逐渐增加。尤其是 2000 年之后，在互联网上公开发布的公共领域路线图的数量大幅增加［图 2-3（b）］，表明了全球范围内对将路线图应用于公共政策的兴趣不断提高。国际上开展公共领域技术路线图制定工作的典型政府机构和组织包括美国能源部（Department of Energy，DOE）、加拿大工业部（Industry Canada）、澳大利亚工业、科学、能源和资源部（Department of Industry，Science，Energy and Resources）、日本经产省、美国电子机器制造者协会（National Electronics Manufacturing Initiative，NEMI）、欧洲可更新能源委员会（European Renewable Energy Council，EREC）、国际能源署（International Energy Agency，IEA）等（de Laat and McKibbin，2003；Probert and Radnor，2003；Amer and Daim，2010）。近年来技术路线图已经成为在科学、技术与创新政策领域广为采用的政策工具，被越来越广泛地应用于不同层次应用情境下。

在国内，2007 年中国科学院组织 300 多位高水平专家，开始了中国至 2050 年重要领域科技发展路线图的研究，并于 2009 年 6 月发布了《创新 2050：科技革命与中国的未来》系列报告，绘制了在当时的 50 年后我国在能源、人口健康、空间与海洋、信息、国家与公共安全等 18 个重要领域的科技发展路线图，这是中国的第一个国家科技发展路线图（中国科学院，2009）。

广东省于 2007 年率先启动了产业技术路线图的试点制定工作（曾路和孙永明，2007），到 2014 年已经陆续布局实施了 40 余个产业领域的技术路线图。广东省产业技术路线图的应用在全国形成了示范效应，带动了多个省区市纷纷针对重点产业和战略性新兴产业领域开展产业技术路线图的实践探索。2008 年湖北省正式启动了包括汽车零部件、光伏、生物医药、氟化工、加工装备、光通信、重点污染行业节能减排等在内的多个产业领域的技术路线图制定工作。陕西省从 2009 年开始陆续启动了太阳能光伏和半导体照明、软件和物联网等产业领域的技术路线图编制工作。2010 年河北省启动了首批 8 个重点领域的产业技术路线图编制工作，包括光伏发电产业技术路线图、风电产业技术路线图、钢铁产业节能减排技术路线图、水泥产业节能减排路线图、蔬菜产业技术路线图、农业水资源高效利用技术路线图、中药产业（注射剂）技术路线图、抗生素产业（新制剂）技术路线图。2010 年北京市“科技北京”建设研究专项正式启动了北京集成电路设计产业、生物制药产业重点领域、物联网传感器及传感网络产业、动物疫苗产业、智能电网产业、光伏产业、数控机床产业、首都钢铁服务业低碳技术 8 个重点领域的产业技术路线图研究课题。四川省于 2010 年启动了技术创新工程专项资金，专项支持四川省高钛型高炉渣综合利用技术创新联盟、卫星通信技术创新联盟、优质中国泡菜现代化产业技术创新联盟等在内的 10 个产业技术创新联盟开展产业技术路线图开发工作。2010 年江西省成立了动力电池、新能源汽车、动漫、软件、涡旋机械、半导体照明、稀土、钨、电瓷、铜、日用及建筑陶瓷、有色重金属短流程节能冶金 12 个产业技术创新战略联盟开展产业技术路线图的制定工作。上海市于 2011 年发布了民用航空制造、海洋工程装备、生物医药、电子信息制造、软件和信息服务、先进重大装备、新材料、新能源汽车、新能源 9 个高新技术产业领域的技术路线图。2011 年重庆市启动了“重庆农业产业技术路线图研究”项目，在农业农村信息化、农业装备、柑橘、生猪和玉米 5 个领域开展产业技术路线图研究制定工作。2012 年浙江省启动了装备制造、新材料和船舶第一批 3 个重点产业的技术路线图编制工作。可以看出，技术路线图在我国的应用主要集中于国家和产业层次的情境，与公共科学、技术与创新政策紧密联系。

2.4　技术路线图方法的发展——企业路线图方法与产业路线图方法

作为起源于企业实践的技术规划工具，企业层次的技术路线图方法的发展得到了学术界和产业界的广泛关注。欧洲产业研究管理协会（European Industrial Research Management Association，EIRMA）于 1997 年基于 25 个欧洲主要大型企业的经验提出了被企业界广为接受的技术路线图通用框架和制定过程（EIRMA，1997）。剑桥大学技术管理中心在 EIRMA 通用技术路线图框架的基础上于 2001 年开发了 T-Plan 快速启动路线图方法，并进一步提出了利用 T-Plan 通用路线图规划框架和过程模板进行定制化的方法，以使其适用于不同的采纳组织特征、战略目标、可用资源和可得信息等特定的企业应用情境因素（Phaal et al.，2001）。T-Plan 方法以其简洁的“市场—产品—技术”规划框架和灵活的可定制规划过程得到了普遍认可，已经在许多企业和业务领域得到应用（Phaal et al.，2003），成为具有代表性的企业层次技术路线图方法。

企业层次的技术路线图仅关注单个企业的战略目标与产品开发规划，而公共领域的路线图则与公共政策目标紧密联系，聚焦于更广泛的产业、区域、国家创新系统中的官、产、学、研等主体间的知识互动和协同创新（McDowall，2012）。Amer 和 Daim（2010）将可更新能源领域的路线图分类为国家、产业/部门和单个组织（企业或研究机构）不同层次，分析结果表明这三个不同层次的路线图具有不同的目标和目的，构建路线图的方法、过程和工具也各不相同。Jeffrey 等（2013）认为产业层次多组织路线图与传统单组织（包括企业层次）路线图有显著不同，这种产业层次由多组织共同开发的新型路线图的主要目的是提供政策建议，试图说服政府部门实施所提出的行动和建议；与传统的单组织路线图相比，针对这种新型路线图，需要新的方法来指导路线图构建。学术界和实践界也认识到企业层次的技术路线图与公共领域的技术路线图具有完全不同的应用情境，在目标、范围、过程等方面都具有较大差异（Probert and Radnor，2003；Yasunaga et al.，2009；Amer and Daim，2010），并开始尝试探索和实践合适的路线图方法。

ITRS 从 1992 年开始就采用了技术推动的路线图开发过程，致力于延续摩尔定律的指数曲线改进趋势（Kostoff and Schaller，2001）方法。然而近年来随着通信、汽车、照明、环保、能源、健康、娱乐、安全等应用领域的发展，对交互和能耗控制的要求更高，ITRS 从 2005 年开始根据应用领域的需求因素来识别摩尔定律之外（more than Moore）的更多技术要素，逐渐形成了需求拉动与技术推动交互作用的路线图开发过程。Lee 和 Park（2005）介绍了韩国电力产业如何利用技术路线图来选择和确定关键技术，并规划未来的技术开发活动作为韩国电力产业基础基金中长期研发项目的重点支持对象。Lee 等（2007）提出了一种针对研发规划目标的技术路线图系统化过程和详细的输入/输出程序，并将其应用于韩国工业技术基金的政府项目研发规划，文章主要介绍了在零件和材料产业中的应用，但该框架也可推广到其他产业。日本经产省提出了针对具有挑战性的基础技术的战略技术路线图方法（Yasunaga et al.，2009），其框架结构包括扩散情景、技术概览和技术路线三个层次，并针对不同类型技术，采用自顶向下或自底向上等不同的路线图过程。Saritas 和 Aylen（2010）结合情景分析与路线图来规划金属制造清洁生产技术发展，他们首先构建未来可能的情景作为路线图的输入，其次针对表面准备、机器加工和涂层三个加工过程制定了包括四个层次（长期目标、中期目标、关键研发领域、具体项目主题）的技术路线图，最后用其他可能的未来情景对路线图进行评估，进而对总体情景、研发项目组合和公共政策进行修正。Coutinho 和 Bomtempo（2011）描述了巴西可更新原材料技术路线图的构建过程，提出了对政策和战略的相关启示，并分析了可更新原材料技术的创新动力。McDowall（2012）开发了用于评估路线图实践与创新系统关联度的框架，包括可信性、可期性、可用性和可适应性等指标，并将其应用于氢能路线图的案例研究。分析结果表明路线图过程应更强调高质量保障、透明的分析过程和参与程序，更重要的是应将其嵌入制度结构中，以形成持续学习与评估，而当前实践中的路线图往往都是一次性的活动。

Wang 和 Chen（2012）分析了中国汽车电子控制组件回收产业的现状，介绍了其技术路线图和产业发展目标，对其优势、劣势、机遇和威胁（strengths，weaknesses，opportunities and threats，SWOT）进行了分析，分析结果表明该产业具有良好的发展机遇，他们还给出了新的发展战略建议。Jeffrey 等（2013）开发了产业层次技术路线图的评估指标，通过考察能否将组织目标转化为行动或政策来评估路线图的成功度，并对 4 个可更新能源路线图进行了分析，以确定开发多组织、产业层次技术路线图的成功因素。Zhang 等（2014）采用语义 TRIZ（theory of inventive problem solving，发明问题解决理论）方法并利用主题（表达主体和客体的名词短语）-行动（动词）关联来评估新兴科技的创新模式，将其划分为三种主要来源类型——学术、产业和政府，他们使用技术路线图来定位新兴科技的进展，并通过染料敏化太阳能电池产业的案例研究对该方法进行示范。

我国学者对于技术路线图方法的探讨起始于广东省的产业技术路线图实践，其制定流程主要借鉴了剑桥大学技术管理中心的 T-Plan 方法（Phaal et al.，2001），由“市场需求分析—确定产业目标—技术壁垒分析—提炼研发需求—整合科技创新资源”等步骤组成（曾路和孙永明，2007）。谈毅和黄海波（2008）通过对台湾地区全球互通微波访问（Worldwide Interoperability for Microwave Access，WiMAX）技术发展过程的分析，发现技术路线图对制定系统化产业发展战略起到了重要的作用。张俊祥等（2009）利用技术预测与关键技术调查方法，绘制了我国生物制药的技术路线图，对我国目前生物制药领域的知识产权、技术转化、投融资、市场环境等进行了分析，并提出了相关建议。李剑等（2010）使用技术路线图法研究了太阳能电池产业化过程中的关键技术问题，用德尔菲法确定指标的权重和各技术因素对指标的影响力，用层次分析法确定关键技术的指标体系和技术影响因素，得出太阳能电池产业化过程中的四个关键技术。

刘传林等（2010）总结技术路线图的制定流程应包括路线图准备、路线图分析、路线图绘制和路线图更新四个阶段，并针对这四个阶段，分别设计出完备机制、融合机制、规范机制和评价机制构成的技术路线图制定流程的柔性机制，最后通过湖北汽车零部件产业的案例来说明所提出的技术路线图制定流程及其柔性机制的合理性和实用性。李遵白和吴贵生（2011）利用技术路线图这种多维分析工具，通过对市场需求、产业目标、关键技术、政策需求四个维度的分析得出物联网产业布局的战略重点。盛济川和曹杰（2011）将技术路线图方法引入低碳产业技术发展战略研究之中，并对制定低碳产业技术路线图的方法和工具进行了讨论和分析。张烁和程家瑜（2011）分析了目前我国战略性新兴产业在“S”曲线上的发展情况，提出针对不同产业的发展阶段应运用不同类型的产业技术路线图方法进行规划。

张哲和冯宗宪（2012）利用灰色模糊综合评价相关理论，构建了技术路线图实施效果的评价模型，并以陕西太阳能光伏产业技术路线图为对象进行了综合算例分析。黄慧玲（2013）探讨了产业技术路线图与 TRIZ 的结合点，以厦门工程机械产业技术路线图制定研究为例，阐述了 TRIZ 专利分析技术成熟度和技术进化定律的应用实践，为其他产业技术路线图的研究与编制提供了经验和借鉴。莫愁等（2013）按照“市场需求—产业目标—技术壁垒—研发需求”的总体思路，以广东省为例绘制电动汽车产业技术路线图，提出电动汽车产业技术路线图实施建议，为政府决策和行业研发提供参考。郭俊芳等（2014）从领域关键问题出发，运用文本挖掘技术构建基于关键问题的核心技术方案群，以技术演化路线图的形式展示技术发展脉络，为新兴技术领域特定关键问题的未来技术研发方案及技术发展方向选择提供了重要参考，并以染料敏化太阳能电池技术为例对该方法进行了验证。黄萃等（2014）把政策维度纳入技术路线图的研究范畴，构建了政策-技术路线图分析框架，从政策维度上分析了需求面、环境面和供给面等政策工具类型与传统技术路线图中市场、产品和技术三个维度之间的互动关系和影响路径，并对中国风电产业和光伏产业进行了案例研究。

从总体来看，当前文献中对于技术路线图方法的研究多集中于企业层次的应用情境，已经形成了以 T-Plan 为代表的成熟方法。而对于国家、产业、技术等超企业层次的应用情境中的路线图方法研究则相对较少。国内外产业层次应用情境的技术路线图论文大多数只针对单个产业/技术领域，对于如何进行路线图定制以适应不同产业领域情境的研究较少，其结论难以推广到更广泛的产业/技术领域。这也造成了当前在产业层次的应用情境中尚未形成系统化、可被广为接受的技术路线图方法与过程（Yasunaga et al.，2009）。产业层次应用情境的路线图论文中，国内论文采用实证性的案例研究方法的比例（50%）远低于国际论文（87.5%），这反映了国内在产业层次应用情境的路线图研究方面同样相对滞后，需要加强实证性原创案例研究。

2.5　技术路线图的应用情境与定制化方法

技术路线图的实践活动往往在一定的应用情境（context）中开展，可从组织目标、过去的历史、已有的过程和程序、可得信息和资源、组织文化等不同维度来描述（Phaal et al.，2003）。在进入技术路线图开发阶段之前，需要首先明确组织愿景（企业或产业）、路线图范围与边界等主要情境因素，作为下一步工作的依据（Garcia and Bray，1997）。Phaal 等（2004a）将应用情境定义为触发技术路线图应用需求的问题本质，以及可能会影响方法采纳的约束因素，并识别出了企业层次技术路线图的主要情境因素包括业务问题的拥有者、范围、焦点、目标、资源、参与者、信息源等。许多研究者都认为用途或目标是影响技术路线图框架和过程设计的主要情境因素（Garcia and Bray，1997；Phaal et al.，2001；Kappel，2001；Lee and Park，2005；Blackwell et al.，2008）。Blackwell 等（2008）则将用途和好的视觉结构作为进行路线图图形表达的设计所需考虑的主要因素。技术路线图是人或组织主动对特定的路线图对象（技术）的演化进行干预的活动，因此其应用情境主要包括与人（包括关键利益相关者：使用者和创建者等）和路线图对象（产品和技术等）等两个方面的相关因素，Phaal 和 Muller（2009）将其分为三类：使用情境、对象情境和制定情境。

为了取得更好的应用效果，技术路线图的方法设计，包括框架结构和制定过程，都需要同时根据特定应用情境进行适应性的调整，这也被称为“定制化”（Phaal et al.，2004a；Lee and Park，2005；Phaal and Muller，2009），是技术路线图方法研究的热点之一。Phaal 等（2004a）针对企业层次的路线图应用情境，在 T-Plan 标准过程（Phaal et al.，2001）的基础上提出了对路线图架构和路线图过程进行适应性定制设计的方法。Lee 和 Park（2005）基于大规模定制的方法，提出了面向预测、规划和管理三类用途的技术路线图定制的整体框架，包括分类、标准化、模块化三个阶段，并开发了一个基于 Web 的系统来支持定制活动。许多学者也针对不同应用情境下的路线图定制开发展开了案例研究，包括废物管理技术的路线图定制开发（Bray，2003），新加坡中小制造企业的技术路线图定制开发（Holmes et al.，2004；Holmes and Ferrill，2004），学研机构的技术路线图定制开发及其在人工智能和材料科学领域的应用案例（Okutsu et al.，2005），针对软件公司的技术路线图定制开发（Fleury et al.，2006），建筑产品公司的技术路线图定制化开发（Gerdsri et al.，2009），能源服务领域政府机构的技术路线图定制化开发（Daim and Oliver，2008），日本化工企业的简化技术路线图定制开发（Fujii and Ikawa，2008），将通用技术路线图方法定制化为针对早期技术评估和投资决策分析的价值路线图（value road map，VRM）方法及相关案例研究（Dissel et al.，2009），将 T-Plan 方法定制应用于美国太平洋西北地区的可持续生物燃油技术路线图（Blair，2009）等。

然而这些关于路线图应用情境和定制化方法的研究多集中于企业层次的应用情境，关于对路线图方法进行定制以更好地适应不同产业领域应用情境的研究则相对较少。同时，国内学术界对路线图应用情境和定制化方法的研究相对滞后，相关文献报道较少。

第3章　应用情境对技术路线图方法设计的影响

文献分析表明，当前对于产业技术路线图的研究多局限于对单个产业/技术领域的案例研究，集中于考察特定产业领域的应用情境和路线图方法，只有少数文献（Yasunaga et al.，2009）同时考虑了多个产业/技术领域的差异。通过比较这些单产业的案例研究可以发现，不同产业的应用情境具有不同的特点，技术路线图的方法设计（框架结构和开发过程）也呈现较大差异。但是，一方面基于单个或同类产业的研究发现不能够直接推广到其他产业，另一方面这种研究方法也不能解释不同产业应用情境特点和技术路线图方法设计差异之间的内在关系。虽然少数跨产业/技术领域的研究也提出针对不同的技术领域特点应采用不同的路线图过程，但是远未能深入揭示应用情境对路线图方法设计的影响机制。针对这些研究问题，本书将在已有的基于企业层次技术路线图实践的应用情境与路线图方法设计的理论基础上（Phaal et al.，2004a，2007；Phaal and Muller，2009），采用跨产业领域的多案例研究方法，通过案例间的对比，辨别应用情境和方法设计方面的共性与差异，分析应用情境与方法设计之间的关系，提炼应用情境对方法设计的影响机制。本章将基于已有理论来开发研究的概念框架，第 4 章将选取广东省的技术路线图案例进行跨产业多案例比较研究。

3.1　技术路线图的应用情境

技术路线图的应用范围从单个企业组织拓展到产业、行政区域、国家乃至国际层次，其应用情境也发生了巨大的变化。Phaal 等（2004a）将应用情境定义为触发技术路线图应用需求的问题本质，以及可能会影响采纳方法的约束因素。他们在 40 多个不同类型的 T-Plan 路线图案例研究的基础上识别出企业层次技术路线图的主要情境因素，包括业务问题的拥有者、范围、焦点、目标、资源、参与者、信息源等。de Laat 和 McKibbin（2003）通过对 78 个不同国家和类型的超企业层次路线图的比较研究，发现发起人、协调人、政策层次、应用目标、成本分担原则、参与者类型及参与方式、所采用的方法与过程和所使用的创新理论等因素是影响技术路线图使用效果的主要因素。

技术路线图作为一种技术规划工具，是特定的人或组织为解决其所关注的某些问题，针对特定层次和范围的技术系统，通过演化地貌探索来识别技术机遇和关键技术开发需求，并按照期望的目标对其未来一段时间内的技术发展路径进行规划的一种方法。因此，不同的技术路线图应用在发起人、分析单元（所关注的特定层次的技术系统）、范围及目标等不同情境因素方面均有差异，形成了各自独特的应用情境（表 3-1）。此外，参与者、可用资源和可得信息等其他情境因素也都会影响具体技术路线图方法（包括路线图的框架结构和规划过程）的采用。

表 3-1　技术路线图的主要情境因素及类别

情境因素		主要类别
发起人		企业、研究机构、行业组织、政府机构等
目标		技术发展目标、组织战略目标、公共政策目标等
分析单元		产业、产品、技术、科学等
范围	地理边界	国际、国家、区域、产业集群等
	知识边界	单个组织（企业或研究机构等）、产业领域、技术领域、科学学科等

3.1.1　发起人

发起人（initiator）指的是决定采用技术路线图方法来解决特定问题的人或组织。技术路线图的发起人主要包括政府、行业组织、研究机构和企业等（de Laat and McKibbin，2003），是影响技术路线图框架结构和规划过程的关键情境因素之一。不同类型的发起人从不同的视角关注不同的问题集合，对所关心技术系统的发展方向和影响因素有不同的看法，有不同的手段和能力来影响技术系统的演化。

（1）企业。企业采用的技术路线图主要关注与一个或多个特定产品相关联的技术系统，主要目的是保证技术开发规划与业务战略相一致（Albright and Kappel，2003）。企业发起的技术路线图往往着重于专有技术开发以使得企业的产品形成差异化的特征，以期在市场上取得价格或性能等方面的竞争优势。技术路线图方法起源于企业实践，已经发展成为被广为采用的企业技术管理和规划的成熟工具（Phaal et al.，2004b）。

（2）研究机构。自从摩托罗拉前主席 Robert Galvin 于 1998 年在 *Science* 上

撰文倡导“科学路线图”以来（Galvin，1998），许多研究机构也开始通过制定路线图来促进与外部产业和科研伙伴的沟通，并更好地制订自身的研究项目规划（de Laat and McKibbin，2003）。与企业的技术路线图相比，研究机构发起的路线图不仅会涉及技术开发，也会涉及相关科学学科领域的基础研究。例如，美国桑迪亚国家实验室（Sandia National Labs）使用技术路线图方法来识别技术需求、制订技术规划、管理内部研发项目和协调外部研发合作（Garcia and Bray，1997）。

（3）行业组织。行业组织发起的技术路线图通常聚焦于与特定产业价值链相关联的技术系统，主要关注那些研发投入高、投资回收期长、单个企业难以负担、对整个产业发展具有引导性的前沿共性技术。行业组织通过发起技术路线图来争取政府对重大技术的资助，并指导产业范围内的产、学、研合作创新（de Laat and McKibbin，2003）。例如，NTRS 是 1992 年由美国政府发起的、由美国半导体产业协会组织的、以国家为地理范围、以应对日本竞争和技术追赶为目标的产业技术路线图（Garcia，1997；Schaller，2001）。而随着美国半导体产业恢复全球领导地位和半导体产业发展的不断国际化，NTRS 从 1998 年开始演化为由美国、欧洲、日本、韩国和中国台湾等国家和地区的行业协会共同发起的 ITRS，成为由跨地域行业协会共同主导的，国际范围的，以指引全球产业技术发展方向和企业、大学、研究机构、政府等组织的研发投入为目标的产业技术路线图（Schaller，2001）。ITRS 涵盖了设计、工艺、测试、封装等半导体产业价值链环节的技术系统，由 12 个焦点技术领域（focus technology areas）和 5 个交叉共性技术领域（crosscut technology areas）构成，旨在探索这一技术系统 15 年规划区间内的发展方向和研发需求。

（4）政府机构。企业和行业组织发起的技术路线图仅关注较为短期的技术发展，而政府机构发起的技术路线图则关注包含技术发展在内的、更广泛的、更长期的涉及基础设施、市场、教育、政策、监管等创新系统组织与制度变革问题（McDowall，2012）。政府机构发起的技术路线图的聚焦对象可能是关键或战略产业的技术系统，或者是与多个产业领域相关联的共性技术系统，也可能是与国家、区域或部门的政治、经济、社会、环境等政策目标相关的多个科学/技术领域。例如，美国能源部发起制定的技术路线图主要以降低能源密集产业的节能减排为目标，其应用领域既包括特定的能源密集型产业领域（铝、化工、钢铁等），也包括交叉共性技术领域（催化技术、工业燃烧技术等）和科学学科领域（组合化学、计算流体力学等）等（de Laat and McKibbin，2003）。

需要指出的是，技术路线图的发起人并不等同于出资者（sponsor），也并不等同于组织者（organizer）。企业或研究机构为自身目的发起技术路线图制定工作，往往既是承担路线图制定费用的出资者，也是协调内部各部门和外部相关人员参与路线图制定过程的组织者。产业组织发起的技术路线图，往往会成立由产业人士组成的委员会来组织路线图制定，路线图制定的费用则一般由参与企业共同承担。政府发起的技术路线图往往会委托相关的产业组织或研究机构作为组织者。政府发起人会承担一部分技术路线图制定费用（如加拿大工业部）或仅承担初始研究的费用，其余费用往往由参与企业共同分担（de Laat and McKibbin，2003）。

3.1.2　目标

技术路线图的目标反映了发起人对所关注技术系统发展方向的期望，以及希望通过路线图制定所获得的产出和收益。不同类型的发起人会制定不同的技术路线图总体目标，而具体的路线图目标则会在路线图制定过程中由参与者集体协商达成共识。一般而言，技术路线图的总体目标主要包括技术发展目标、组织战略目标和公共政策目标三类，也会包括促进沟通与合作、促进路线图方法推广等一些次要目标。

（1）技术发展目标。针对所关注技术系统的技术发展目标是否是所有技术路线图应用的直接目标，技术发展目标可以划分为识别研发需求和制定研发优先顺序两种类型（de Laat and McKibbin，2003）。一些技术路线图应用以识别研发需求为目标，通过探索特定领域的技术机遇最终给出通用研发需求列表，加拿大工业部早期的技术路线图属于这种类型。而另一些技术路线图则以制定研发优先顺序为目标，最终给出与路线图愿景达成紧密联系的研发项目排序，美国能源部的技术路线图是典型的例子。路线图的发起人或者其他相关组织（企业、研究机构和政府机构等）则会根据研发优先顺序来进行投资决策。需要指出的是，尽管列入路线图的研发项目可能不会全部被资助，但是未列入路线图的研发项目往往会被排除在资助范围之外。

（2）组织战略目标。由企业和研究机构等组织发起的技术路线图往往与其组织战略目标相联系。企业开展技术路线图制定工作是为了保证其技术发展目标与业务战略目标相一致（Groenveld，1997）。而研究组织应用技术路线图也是为了使其技术规划符合组织使命和愿景的要求（Garcia and Bray，1997）。因而企业和研究机构的技术路线图制定过程中会采用需求拉动的方式根据组织战略目标来识别技术研发需求和制定研发优先排序，或者采用技术推动的方式根据所识别出的技术机遇来修正组织的业务战略目标。

（3）公共政策目标。政府机构发起的技术路线图往往针对明确的公共政策目标。例如，节约能源和减少 CO_2 排放、提升产业竞争力和促进创新等（de Laat and McKibbin，2003）。政府机构发起技术路线图是为了使其所关注的技术系统的发展方向与公共政策目标相一致。类似地，根据不同类型技术系统的演化特点，政府发起的技术路线图也会采用需求拉动方式依据特定公共政策目标的要求来制定技术发展目标，或者采用技术推动方式依据所识别出的技术机遇和研发需求来制定公共研发投资决策和政策保障措施。

3.1.3 分析单元及范围

分析单元（analysis unit）指的是技术路线图发起人所关注的特定层次的技术系统。技术路线图方法可以应用于不同层次的技术系统，具体层次可从产业、产品、技术、科学等不同维度来划分。高层次的分析单元往往针对更宽泛和长期的问题，而低层次的分析单元往往针对较具体和短期的问题。

范围则界定了作为分析单元的技术系统边界及其外部联系，可从地理和知识等不同的维度来界定。从地理的角度可以考察所关注的技术系统与国际、国家、区域、产业集群等为边界的创新系统之间的联系。从知识边界来看，分析单元可能处于单个企业或研究机构的技术与科学知识边界内，也可能涉及多个产业领域、技术领域或科学学科等更广泛知识范围和创新网络范围。

不同的技术路线图由于其分析单元技术系统之间的联系而形成了一定层次结构（Kostoff and Schaller，2001）。例如，欧洲纳米技术路线图以 ITRS 的结果为输入继续探索被认为没有常规解决方案的更小尺度量级的问题（de Laat and McKibbin，2003）。而 NEMI 的技术路线图则与半导体产业协会、光电子产业发展协会（Optoelectronics Industry Development Association，OIDA）、电路封装与互联研究所（Institute for Interconnecting and Packaging Electronic Circuits，IPC）、美国显示联合体（United States Display Consortium，USDC）和国家存储工业联合会（National Storage Industry Consortium，NSIC）等组织的技术路线图相联系，覆盖了整个电子产业的制造过程（Kostoff and Schaller，2001）。

具体分析单元的技术系统层次和范围的选择往往取决于技术路线图发起人和参与者所需要解决的问题集合及所期望达成的目标（de Laat and McKibbin，2003）。企业一般选择特定的产品或产品线作为技术路线图的分析单元（Phaal et al.，2001），着重于与其业务战略相一致的专有技术和差异化产品的开发规划。研究机构往往根据其组织战略选择跨越科学和技术的分析单元（Garcia and Bray，1997）。行业组织所发起的技术路线图的分析单元往往是特定产业或子技术领域（de Laat and McKibbin，2003）。而政府机构则会根据其政策目标和问题领域来选择跨越产业、技术和科学学科领域的分析单元（de Laat and McKibbin，2003）。

而不同层次和范围的技术系统具有不同的内部结构和外部环境联系，从而具有不同的演化规律和技术轨道。其技术发展目标的制定不仅取决于技术路线图发起人的期望，也需要符合其分析单元技术系统固有的演化规律。因此，分析单元及其范围也是技术路线图应用的关键情境因素之一。

3.1.4　其他情境因素

（1）参与者。技术路线图的开发团队通常由跨组织、跨领域、跨学科的人员组成，拥有开发出完整、可靠路线图成果的必要知识和专业技能。企业技术路线图的参与者往往包括来自技术和业务等不同相关部门的人，也包括客户、供应商和其他外部专家（Phaal et al.，2001）。研究机构往往会邀请外部客户和科研伙伴参与其技术路线图研讨会（de Laat and McKibbin，2003）。而行业组织和政府机构发起的技术路线图则会根据所关注的技术系统来邀请产业价值相关环节的企业、下游客户和上游供应商，也会包括相关创新网络中的大学、研究机构、行业组织和政府部门（de Laat and McKibbin，2003）。不同的参与者具有不同的知识背景、创新系统角色和关注点，共同影响技术路线图的制定过程和最终所达成的共识。

（2）可用资源。可用资源指开发技术路线图投入的资源水平，包括人员、时间和金钱。可用资源限制了技术路线图方法的选择和成果质量。

（3）可得信息。可得信息指用于支持技术路线图开发的数据、资料及其来源。尽量获得和充分利用更多的信息是开发出高质量技术路线图的必要条件之一。可得信息限制了技术路线图制定过程可以考虑的规划空间和影响因素的范围。

3.2　技术路线图的方法设计

技术路线图的方法设计主要包括两个方面：路线图的框架结构，以及用于构建路线图的制定过程（Phaal et al.，2004b）。技术路线图的框架决定了最终所形成的路线图报告的知识结构，也提供了在路线图制定过程中从不同视角捕捉、结构化和整合跨领域知识的架构（Phaal et al.，2004a）。存储于最终路线图报告中的是结构化的显性知识，而路线图制定过程则是来自不同领域专家的知识互动过程，涉及显性知识与隐性知识的共享、沟通、融合及共识达成（Phaal et al.，2005）。

技术路线图可被应用于企业、产业、区域、国家等不同层次的应用情境中，针对不同的应用目的和领域可以划分成科学技术路线图、产业技术路线图、企业产品技术路线图和产品组合管理路线图等不同的类型（Kostoff and Schaller，

2001），也可形成多层次图、单层次图、条形图、流程图、表格和文本等不同的表达形式（Phaal et al.，2001）。然而，作为战略规划工具，各种不同类型和不同形式的技术路线图具有共性的内在逻辑，都是为了回答三个根本性战略问题（Phaal et al.，2004b）：①我们的目标方向是什么？②我们现在在哪里？③我们如何才能达成目标？这种共性内在逻辑也决定了不同的技术路线图在方法设计上，包括框架结构和制定过程，也都具有共性特征。

3.2.1 路线图框架结构

广为接受的技术路线图通用框架是一个二维结构，横轴是时间框架，而纵轴则包含了不同规划要素和视角，如图 3-1 所示。路线图的横轴描述了规划的时间区间和关键里程碑，一些路线图还会包含历史事件和活动节点。根据路线图目标要求和路线图对象（如产品或技术）的特性，不同的路线图会设置不同规划时间区间和里程碑（Phaal et al.，2004b）。路线图的纵轴通常会包括多个层次和子层次，根据应用目的将规划要素划分成相互独立的、逻辑相关的层次结构。在横轴和纵轴形成的二维空间中，一般用节点表示特定层次的规划要素，用连线表示要素间的联系，包括同层次和跨层次的时序关系、因果关系和优先顺序关系等。

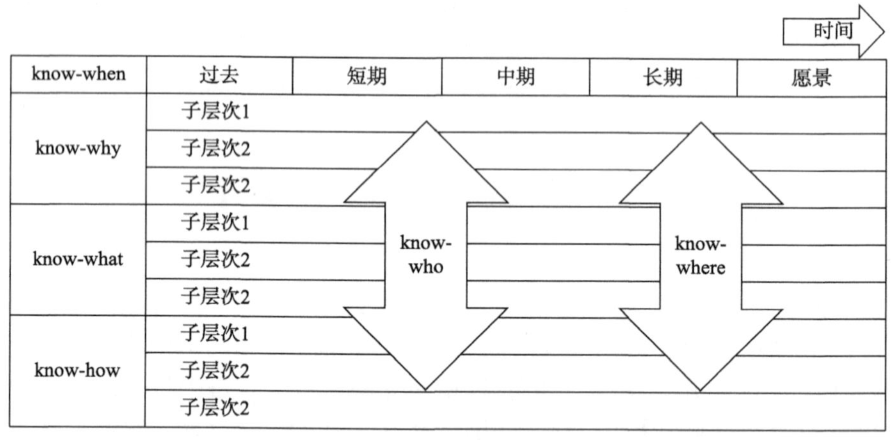

图 3-1 技术路线图的通用框架结构

技术路线图的目的是探索一个特定对象系统（如产品、技术、产业等）在特定时间段内的发展路径。为了实现这一目的，需要考察对象系统本身的知识，对象系统环境的知识，以及推动对象系统发展所需的资源、能力和手段的知识（Phaal and Muller，2009）。从知识结构的视角，Phaal 等（2004）认为虽然不同的技术路线图会采用多种多样的纵向多层次结构，但是可以抽象出三个一般性的基本层次：

①顶层包含“know-why”知识，涉及影响路线图对象发展的环境驱动因素和趋势；②中间层包含“know-what”知识，涉及路线图对象系统的演化机制，表明了为响应环境驱动因素和趋势（know-why）路线图对象可能的发展方向；③底层包含“know-how”知识，涉及用以实现路线图对象发展目标的解决方案。此外，路线图的时间轴表达了事件、行动和目标实现等的“know-when”知识，路线图的内容中还蕴含了相关的“know-who”和“know-where”知识。这样，技术路线图框架提供了捕捉、整合和存储这些不同视角的知识及其之间关系的系统化结构，用于从时间和规划要素两个维度来探索和回答关于目标方向、当前状态和实现措施的三个基本战略问题（Phaal et al.，2005）。

不同的技术路线图会采用不同的构念来操作化 know-why、know-what 和 know-how 三个基本层次，也可以进一步分解为子层次来细化层次结构。例如，剑桥大学技术管理中心的 T-Plan 方法采用市场（know-why 层次）、产品（know-what 层次）和技术（know-how 层次）三个层次作为企业层次技术路线图的标准框架（Phaal et al.，2001）。在 T-Plan 方法中，路线图对象是企业层次的产品系统，因此其路线图框架中：know-why 层次主要涉及产品的市场环境，know-what 层次主要涉及产品的发展方向（功能、特性和性能等），know-how 层次则主要涉及实现产品发展目标所需要开发的技术解决方案。

本书将采用如图 3-1 所示的技术路线图通用框架来考察不同产业技术路线图案例的时间框架和层次结构，进而比较不同案例的共性和差异。需要指出的是，技术路线图的框架结构和表达形式（路线图文档的图形、文本等格式和风格）是两个不同维度的概念（Phaal and Muller，2009；Blackwell et al.，2008）。一般而言，技术路线图都会使用图形表达方式，以帮助使用者直观理解（Blackwell et al.，2008）。但是复杂的技术路线图，尤其是产业层次的技术路线图往往无法用图形完整表达，通常也会采用文本对路线图的结构和其中的要素进行详细描述。本书的研究焦点是技术路线图的框架结构，在研究过程中将从路线图文档中抽取结构数据进行研究。

3.2.2　路线图制定过程

技术路线图的制定过程指的是构建路线图内容、制定决策、识别行动并达成共识，以及未来维护路线图所需要执行的活动和步骤的集合（Phaal et al.，2005）。路线图制定过程一般包括三个阶段（Garcia and Bray，1997；Gerdsri et al.，2009）：①制订路线图开发计划的计划阶段；②构建路线图成果的开发阶段；③后续实施与更新阶段。尽管文献中提到的产业技术路线图制定过程的各个阶段都是固定的，但是并没有给出足够的指引以帮助组织进行更具体的活动。其中，开发阶段是具体执行路线图开发活动并构建路线图成果的关键阶段。因此，本书将聚焦路线图开发阶段的活动，探讨不同产业技术路线图案例开发过程的共性和差异。技术路线图的开发可以采用研讨会方法（Phaal et al.，2001）、文献计量法（Kostoff et al.，2004）、与情境分析相结合的方法（Saritas and Aylen，2010）、与 TRIZ 相结合的方法（Zhang et al.，2014；黄慧玲，2013）等。其中，研讨会方法由于能够通过面对面的人际互动有效整合专家知识并实现达成共识的目标而被企业层次路线图［如剑桥大学的 T-Plan 方法（Phaal et al.，2001）］和产业层次路线图（如 ITRS）所广泛采用。广东省的产业技术路线图开发也采用了研讨会方法（曾路和孙永明，2007）。因此，本书将着重考察基于研讨会的技术路线图开发过程。

技术路线图开发的研讨会过程由一系列相互联系的结构化主题研讨会组成（Phaal et al.，2007），每个研讨会都需要清晰定义研讨会主题、所需输入信息、讨论议程和输出结果。研讨会的主题一般围绕路线图框架的 know-why、know-what 和 know-how 三个基本层次及子层次的概念展开，不同的研讨会间具有“输入—输出”的衔接关系和逻辑顺序关系，如图 3-2 所示。其中，know-why 研讨会分析路线图对象系统所处环境的相关情报信息（输入），识别出影响路线图对象发展的重要环境驱动因素；know-what 研讨会依据所识别出的环境驱动因素来分析路线图对象系统可能的发展方向，确定需要改变的具体方面和具体目标；know-how 依据所识别出的发展目标来分析解决方案及相关资源、能力和措施。此外，通常还会设置一个制图研讨会用来整合前面研讨会的结果并形成最终的路线图成果。

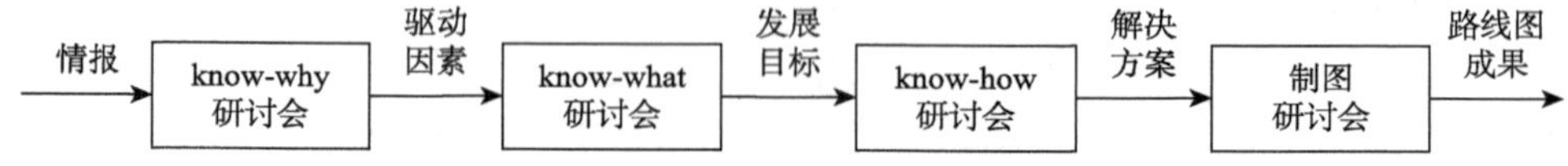

图 3-2　技术路线图的通用研讨会开发过程

例如，剑桥大学技术管理中心企业技术路线图 T-Plan 方法的标准过程由市场（know-why 层次）、产品（know-what 层次）、技术（know-how 层次）和制图四个主题研讨会组成，其中前三个研讨会对应于路线图框架的三个基本层次，第四个研讨会整合前三个研讨会的结果（Phaal et al.，2001）。具体而言，市场研讨会依据市场情报和内部业务信息（输入）来识别市场和业务驱动因素及其优先排序（输出）；产品研讨会依据市场和业务驱动因素（输入）来识别重要的产品特性及其优先排序（输出）；技术研讨会依据产品特性（输入）来识别关键技术方案及其优先排序（输出）；制图研讨会则整合前三个研讨会的成果（输入）形成最终路线图（输出）。

由于大部分路线图过程的制图研讨会中都具有类似的活动，本书将着重考察不同产业技术路线图案例在开发过程中的 know-why、know-what 和 know-how 研讨会的具体主题、输入、输出及研讨会之间的顺序安排等方面的共性和差异。

3.3　应用情境的影响机制

技术路线图实践活动往往在一定的应用情境中开展（Garcia and Bray，1997；Phaal et al.，2003），相关情境因素包括不同类型的发起组织（企业、产业组织、政府机构、大学与研究机构等）、不同层次的对象和分析单元（产品、产业、技术、科学等）及不同的目标导向（技术目标、组织战略目标、公共政策目标等）等方面（Carvalho et al.，2013；Amer and Daim，2010；de Laat and McKibbin，2003；Probert and Radnor，2003）。这些应用情境因素会影响路线图的方法设计和制定过程，从而导致技术路线图实践活动和输出结果的多样化（Phaal et al.，2004a；Phaal and Muller，2009）。例如，Phaal 等（2004a）识别出企业层次的技术路线图应用情境因素包括业务问题的拥有者、范围、焦点、目标、资源、参与者、信息源等，不同应用情境下的企业技术路线图方法设计和输出成果都会有较大差异。

技术路线图制定是人或组织主动对特定的路线图对象系统（产品、技术或产业等）的演化进行干预的活动，其制定过程是由一组参与者（科学家、工程师等专家）探索路线图对象的发展路径，所形成的路线图成果会提供给另一组人或组织使用（管理者决策、政府政策、工程师和研究人员技术方向选择等）。因此，Phaal 和 Muller（2009）将技术路线图的应用情境抽象为三个维度：使用情境、对象情境和制定情境。其中，制定情境主要涉及路线图制定的参与人、可用资源、可得信息等方面，会直接影响路线图开发过程的执行与所生成路线图成果的质量，但是对路线图方法设计的影响有限。因此，本书将聚焦考察对技术路线图方法设计有重要影响的使用情境和对象情境两个维度。

使用情境主要涉及技术路线图预期使用者的要求，技术路线图预期使用者包括提出制定路线图需求和目标的发起人，未来使用路线图成果的管理者、政府机构人员、工程师、研究人员等。其中，发起人的目标和要求被许多研究认为是技术路线图知识框架结构设计的主要情境因素（Garcia and Bray，1997；Phaal et al.，2001；Kappel，2001；Lee and Park，2005；Blackwell et al.，2008）。路线图目标指的是发起人希望通过制定路线图而获得的产出及长期和短期的收益（Phaal et al.，2004b），也反映了发起人对所关注路线图对象发展方向的期望。企业层次技术路线图的目标主要包括产品规划、能力评估、过程开发等战略目标，针对这些不同的目标会形成具有较大差异的路线图框架结构（Phaal et al.，2001）。本书所研究的是以政府为发起人的产业层次技术路线图，其主要目的是推动产业发展和技术创新能力提升等公共政策目标，但是不同产业所涉及的具体目标和时间节点等也会有较大差异。从时间维度来看，技术路线图的规划时间跨度和里程碑设置往往会受到发起人（或称所需解决问题的拥有者）的战略意图和期望的影响（Phaal et al.，2004a）。从层次维度来看，技术路线图的层次结构设计主要受到其所制定目标的影响，know-why 层与影响目标达成的环境驱动因素相联系，know-what 层涉及与目标实现相关路线图对象发展方向，而 know-how 层涉及实现目标所需要的解决方案（Phaal et al.，2004a）。类似地，由于路线图开发过程中的研讨会主题一般与层次结构相对应，路线图目标也会影响每个研讨会的具体主题和议题安排。因此，使用情境（发起人的目标）主要影响产业技术路线图的框架结构和开发过程设计，包括时间维度的区间和里程碑设置，层次维度中 know-why 层、know-what 层和 know-how 层的具体概念主题和内容，以及开发过程中的研讨会主题和具体的议题安排。在后续的分析中，本书将着重考察不同产业技术路线图案例在发起人目标要求方面的共性和差异，以及其对路线图框架结构和开发过程的影响。

对象情境主要涉及技术路线图对象系统（产品、技术、产业等）的相关属性，以及分析单元和范围等因素。路线图对象的分析单元层次则决定了所要求的分析粒度层次和内容的详细程度（Phaal and Muller，2009）。但是，本书所研究的都是以产业系统为分析单元的技术路线图，因此将主要考察产业特性和范围对路线图方法设计的影响。首先，对象情境（产业特性和范围）会影响路线图框架结构和研讨会开发过程。技术路线图具体的规划时间跨度、阶段和里程碑设置最终取决于路线图对象（产业/技术等）的演化周期与变革速度（Phaal and Muller，2009），变革速度快的情况下往往设置较短的规划时间跨度，而变革速度慢的情况下往往设置较长的时间跨度。同时，路线图对象的范围则界定了在各个层次中必须考虑和无须考虑的要素和主题（Phaal et al.，2004a），从而会影响层次结构、子层次结构的划分和各个层次具体需要考虑的知识要素和主题，以及路线图开发过程中每个研讨会的具体主题和议程安排。其次，对象情境（产业特性和范围）也会影响路线图开发过程设计。路线图开发过程中的主题研讨会顺序和具体议题安排则往往会按照路线图对象（产业/技术等）演化的主导驱动因素（技术/需求）来进行设计（Yasunaga et al.，2009），采用需求拉动、技术推动或者双向的分析过程模式。

综上所述，本书提出了如图 3-3 所示的概念模型。后续研究将基于此模型搜集案例数据，考察和分析应用情境对产业技术路线图方法设计的具体影响机制。

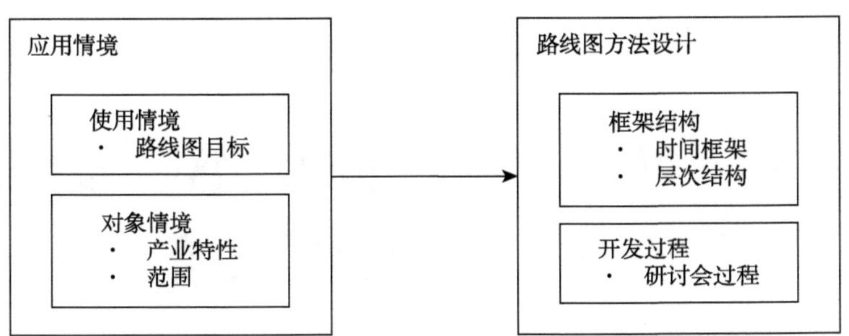

图 3-3　概念模型——应用情境对产业技术路线图方法设计的影响概念框架

第 4 章　广东省产业技术路线图的跨产业多案例研究

基于前文所构建的理论框架，本书选取了广东省于 2008～2016 年所发布的 18 个不同产业的技术路线图案例，包括 7 个传统成熟产业和 11 个新兴产业的案例。本章将采用跨产业多案例研究设计，首先对路线报告进行内容分析，以个案为单位搜集、组织和结构化化简数据；其次进行跨案例综合分析、模式匹配和解释构建（Yin，2009）。

4.1　跨产业多案例研究设计

本章的主要研究问题是：①不同产业的技术路线图在应用情境和方法设计方面有什么共性和差异？②应用情境如何影响产业技术路线图方法设计？由于在当前已有的文献中尚未研究出清晰的产业技术路线图的应用情境、方法设计及两者之间关系理论框架，本书将尝试通过考察具体的路线图实践来探索可供进一步研究的理论命题。考虑到研究的探索性和描述性特征，本书采用了定性案例研究方法（Yin，2009）。具体而言，本书采用了跨产业多案例研究方法以消除观察偏见、提高结论稳健性和增强外部效度（external validity）（Eisenhardt and Graebner，2007）。

广东省是我国最早开展产业技术路线图实践工作的省级区域，从 2007 年启动到目前已经陆续开展了 40 多个不同产业/技术领域的路线图制定工作。这为本书的研究提供了合适的观测对象。通过与广东省产业技术路线图制定的政府主管部门和技术路线图项目组的人员交流，以及其他公开渠道所获得的初步资料，作者了解到广东省技术路线图项目所公开发布的报告包含了关于技术路线图应用情境和方法设计（框架结构和开发过程）方面的丰富信息。因此，本书决定以单个技术路线图项目为研究单元，选择广东省的产业技术路线图项目案例来进行研究，并以公开发布的路线图报告作为主要的数据来源。本书首先从政府主管部门获得了广东省在 2008～2016 年所发布的 45 个技术路线图项目的立项记录，包括项目名称、立项时间和承担单位等信息。根据这些信息，通过与项目组联系和查阅公开资料来搜集项目所产出的技术路线图报告。这样，首先排除了尚未完成、尚未公开发布或相关资料不完整的路线图项目。本书的研究对象是由政府机构发起的、以产业为分析单元的技术路线图，因此排除了分析单元不是产业的技术路线图项目。其次，根据复制法则（replication logic）（Yin，2009），所选择的案例分属于不同类型的产业，从而能够通过逐项复制（literal replication）在不同产业的案例中验证相似的结果，或者通过差异复制（theoretical replication）来考察不同产业案例中具有差异性结果的原因。这种跨产业的多案例研究方法能够保证本书研究的外部效度，提高研究结论在不同产业中的可推广性。最后，本书得到了广东省 18 个不同产业的技术路线图报告并对其进行进一步的研究。表 4-1 给出了每个产业技术路线图案例的名称、发布年份、承担单位和报告字数。最终的案例数据包括 18 个产业的技术路线图报告，共 2667 页 381.8 万字文档资料。

表 4-1　本书选用的广东省产业技术路线图案例数据集

序号	案例名称	发布年份	承担单位	报告字数/字
1	《广东省建筑陶瓷技术路线图》	2008	广东省建筑卫生陶瓷研究院和佛山市华夏建筑陶瓷研究开发中心	80 000
2	《广东省无铅技术路线图》	2008	中国电器科学研究院	39 000
3	《广东省制糖产业节能减排技术路线图》	2009	华南理工大学轻工与食品学院	260 000
4	《广东省日用陶瓷产业技术路线图》	2010	潮州陶瓷研究院	80 000
5	《广东省软包装印刷设备制造产业技术路线图》	2010	汕头轻工装备研究院	163 000
6	《广东省镁工业技术路线图》	2010	广州有色金属研究院	250 000
7	《广东省纺织服装产业技术路线图》	2010	广东纺织职业技术学院	433 000
8	《广东省稀土产业技术路线图》	2011	广东省工业技术研究院稀有金属研究所	380 000
9	《广东省 LED 产业技术路线图（2011 版）》	2011	华南理工大学	87 000
10	《广东省船舶配套产业技术路线图》	2011	广东造船工程学会	310 000
11	《广东省卫星导航产业技术路线图》	2011	广州无线电集团有限公司	260 000
12	《广东省摩托车产业技术路线图》	2012	五邑大学摩托车研究院	174 000
13	《广东省家电产品绿色制造技术路线图》	2012	中国电器科学研究院有限公司	202 000
14	《广东省石化下游产业链技术路线图》	2012	广东省低碳化学与过程节能重点实验室	184 000

续表

序号	案例名称	发布年份	承担单位	报告字数/字
15	《广东省平板电视产业技术路线图》	2013	华南理工大学电子与信息学院	288 000
16	《广东省涂料产业技术路线图》	2014	华南理工大学化学与化工学院	142 000
17	《广东省焊接产业技术路线图》	2014	广东省工业技术研究院	325 000
18	《广东省医疗器械产业技术路线图》	2016	广州有色金属研究院	161 000
总计	3 818 000			

4.2　个案数据搜集

为了有效化简数据，本书根据初步的理论框架开发了详细的案例研究方案（case study protocol）以指导个案数据搜集，采用半结构化的问卷来搜集个案数据。针对理论框架中的不同维度（包括应用情境和方法设计等），案例研究方案中都设置了不同的问题并说明了具体的数据搜集程序，以保证能够覆盖到所需搜集的数据。具体不同理论维度的数据搜集方法将在后文详述。在正式数据搜集之前，首先，用两个产业技术路线图报告进行了预测试，以确保研究的合理性，并进一步开发和细化数据搜集的问题和程序。案例研究方案确定后，针对每个案例都指定一个人负责主要的数据搜集工作。经过初步数据搜集，每个案例都会得到3500字左右的个案报告。其次，指定另外一个人根据原始数据对个案报告中的数据进行核实。核实完的个案报告会在本书课题组成员间传阅，并最后通过课题组会议讨论确定最终个案报告。在个案数据搜集的过程中，本书严格遵守了上述程序以保证数据搜集的信度和可靠性（reliability）（Yin，2009）。此外，虽然本书主要采用路线图报告作为数据来源，但是在数据搜集过程中，本书针对同一理论维度尽量从报告的不同部分获取数据交叉验证，以保证建构效度（construct validity）（Yin，2009）。

每份产业技术路线图报告的原始文档都包括二维图表形式的路线图图表和文本内容等。路线图图表中给出了框架结构和不同层次的要素。文本内容中则详细描述了立项时所规定的路线图目标、路线图的开发过程和步骤及按路线图层次结构展开的各个层次要素的详细描述和具体分析过程。本书从每份报告中抽取了与初步理论框架中不同维度相关的数据以形成个案研究报告。

对于应用情境，本书主要搜集了使用情境（路线图目标）和对象情境（产业特性、范围）方面的数据。每个路线图项目的报告文档中都清晰地给出了立项时所规定的路线图目标、产业及范围等。本书在文档的相关部分提取了这些方面的数据。对于产业类型的划分，本书依据《"十二五"国家战略性新兴产业发展规划》、国家统计局发布的《战略性新兴产业分类（2012）（试行）》将研究案例的产业类型划分为传统产业和新兴产业。

针对路线图方法设计，本书主要搜集了路线图框架结构和开发过程方面的数据。首先，根据报告中的二维路线图图表可以得到关于路线图框架结构方面的数据，包括时间跨度、里程碑设置、层次结构和不同层次的要素及其之间的关系。为确保数据可靠性，本书利用路线图报告的文本内容对这些数据进行交叉验证。其次，本书阅读了不同层次的内容及与之相对应的报告文本内容，考察不同层次之间的关系，根据每个层次所蕴含的概念将其重新归类至 know-why、know-what 和 know-how 3 个通用路线图层次中，以方便后续跨案例分析。为了搜集路线图开发过程数据，本书首先考察了路线图报告中介绍工作计划和工作流程的相关章节。这些部分提供了路线图开发过程中的主题研讨会设置及研讨会之间的顺序。在路线图报告中，每个主题研讨会都与路线图结构中的特定层次及文本内容中的特定章节相对应。因此，本书从相应的路线图层次中获得了每个研讨会的输出数据，并从相关的文本章节部分获得了每个研讨会的输入和分析过程的数据。在完成个案数据搜集后，本书获得了 18 个个案报告，总共约 6.3 万字的文本数据材料。

4.3　跨案例比较分析

为了进一步化简数据并进行跨产业案例比较分析，本书开发了矩阵表格对数据进行进一步分类、编码和分析。本书按照路线图目标、产业类型和范围、时间框架、主层次概念和研讨会主题、子层次结构、研讨会输入输出（情报、驱动因素、发展目标、关键技术、研发项目与政策建议）等维度将不同路线图案例的文本资料分类组织到概念聚类表（conceptually clustered matrix）（Miles and Huberman，2006）中，通过内容分析来比较不同路线图案例中这些概念的共同点和差异。接下来，本书将不同案例的数据进一步分类编码和化简，以矩阵表格方式排列，以方便进行对比分析，以及模式识别和模式匹配。

为识别非结构化文本中所蕴含的核心概念，本书对路线图目标、驱动因素、发展目标和政策建议等概念的文本资料进行了文本分析。本书采用由北京理工大学网络搜索挖掘与安全实验室开发的自然语言处理与信息检索共享平台（Natural Language Processing & Information Retrieval Sharing Platform，NLPIR）在线软件提取了文本资料中的关键词并对它们进行了词频分析。在汉语语言中，表达语义的关键词都是名词、动词和形容词，而副词、助词及各种虚词只具有连接修饰等语法功能（张华平等，2014）。因此，本书着重分析了文本资料中的名词、动词和形容词的词频统计数据。此外，本书案例数据集为跨产业的技术路线图报告文档，存在大量与不同产业和技术领域相关的专业术语，如 LED（light-emitting diode，发光二极管）、焊接、合金、陶瓷、稀土等。然而，本书的研究目的是比较不同案例在技术路线图通用概念上的共同点和差异，而不是具体技术和产业领域的差异。因此，在文本分析和词频统计中过滤掉了这些专业术语，以消除可能带来的偏差。

4.4　广东省产业技术路线图的应用情境

本节将根据图 3-3 中的概念框架，对不同产业技术路线图的应用情境因素进行比较分析，包括路线图目标（使用情境）、产业类型与范围（对象情境，产业类型是产业特性的其中一种）。

本书搜集了 18 个产业技术路线图的立项目标描述文本，采用文本分析和词频统计方法来区分不同案例的路线图目标文本中所蕴含概念的共同点和差异。首先，将所有案例的路线图目标文本合并到一起输入至 NLPIR 在线软件中，提取关键词并进行词频统计。不同案例的路线图目标文本字数差异比较大（从 52 字到 327 字不等），而同一个关键词在不同案例路线图目标文本中出现的次数与路线图目标文本的字数有较高的相关性。因此，为消除字数不同的影响，本书转而考察每个关键词是否在一个特定案例的路线图目标文本中出现。表 4-2 给出了案例中出现最多的前 15 个关键词，若该关键词在一个特定案例的路线图目标文本中出现，则对应的单元格中标记为 1，否则标记为 0。结果显示，“技术”出现在所有 18 个案例的路线图目标文本中，“发展”和“产业”分别出现在 17 个和 16 个案例中。这表明，这 18 个案例的路线图目标具有共同的与“技术”“发展”“产业”相关的核心概念。剩下的 12 个关键词出现在案例中的数量从 5 个到 9 个不等，体现了不同案例的路线图目标在这些关键词所代表的概念上具有一定差异。然而，通过考察这些关键词的含义，并仔细阅读原文中相关表述，可以发现它们均体现了与政府创新政策（如“科技”“合作”“平台”“项目”“资源”等）和企业创新策略（如“研发”“需求”“市场”等）相关的概念。因此，本书认为虽然不同案例的技术路线图目标所涉及的具体方面有所侧重，但是都体现了一致性的核心概念：为技术创新和产业发展提供政府政策制定和企业管理决策依据。

表 4-2　跨案例路线图目标关键词、时间和地理维度分析

序号	案例	关键词															时间	地理
		技术	发展	产业	研发	政府	科技	创新	促进	合作	平台	项目	形成	需求	市场	资源		
1	《广东省建筑陶瓷技术路线图》	1	1	1	0	0	0	0	0	1	0	0	1	1	0	0		
2	《广东省无铅技术路线图》	1	1	0	1	1	0	0	0	0	1	1	0	1	0	0		国内外
3	《广东省制糖产业节能减排技术路线图》	1	1	1	0	1	1	0	1	1	1	0	0	0	0	1		国际，泛珠三角
4	《广东省日用陶瓷产业技术路线图》	1	1	1	1	0	1	1	0	1	1	0	0	1	1	1		国际
5	《广东省软包装印刷设备制造产业技术路线图》	1	1	1	0	0	0	0	0	0	0	0	0	0	0	0		高水平国家
6	《广东省镁工业技术路线图》	1	0	0	1	0	1	1	0	0	0	0	0	0	0	0		世界
7	《广东省纺织服装产业技术路线图》	1	1	1	1	1	0	1	1	1	1	1	1	0	1	0	5～10 年	世界，全国
8	《广东省稀土产业技术路线图》	1	1	1	1	0	0	0	1	0	0	0	1	0	0	1		全球
9	《广东省 LED 产业技术路线图（2011 版）》	1	1	1	1	0	0	0	0	0	0	1	0	0	0	0		中国
10	《广东省船舶配套产业技术路线图》	1	1	1	0	1	0	0	1	1	0	1	0	0	0	1		国际，日本，韩国
11	《广东省卫星导航产业技术路线图》	1	1	1	0	0	0	1	0	0	0	0	1	1	1	0	到 2020 年	国际，全国
12	《广东省摩托车产业技术路线图》	1	1	1	0	1	1	1	0	0	0	0	0	0	0	0		
13	《广东省家电产品绿色制造技术路线图》	1	1	1	0	0	0	0	0	0	0	0	0	0	0	0	到 2020 年	中国
14	《广东省石化下游产业链技术路线图》	1	1	1	1	1	1	0	1	0	1	1	0	0	0	1		
15	《广东省平板电视产业技术路线图》	1	1	1	0	1	1	1	1	0	0	0	1	1	0	0	5 年	
16	《广东省涂料产业技术路线图》	1	1	1	0	0	1	0	1	1	0	0	1	1	1	0		
17	《广东省焊接产业技术路线图》	1	1	1	1	0	0	1	0	1	1	0	0	0	0	0	10 年	国际，国家
18	《广东省医疗器械产业技术路线图》	1	1	1	1	0	0	0	0	0	0	1	0	0	1	0		国内外
总计		18	17	16	9	7	7	7	7	7	6	6	6	6	5	5		

注：1 表示关键词出现在相应案例的路线图目标文本中，0 表示未出现

此外，本书还考察了这些案例中路线图目标所涉及的时间和地理维度。从时间维度来看，有 5 个案例提到了目标实现的具体时间要求。有部分案例提到了“未来”“中长期”等与时间相关的表述，但并未给出具体的时间节点。从地理维度来看，大部分案例（13 个）给出了目标所涉及的地理范围，如“国内外”“国际”“世界”等。有 3 个案例还提到了目标的标杆对象，如“泛珠三角”“日本”“韩国”“高水平国家”。

为辨别不同路线图案例对象情境的共同点和差异，本书搜集了每个案例的产业范围方面的数据。通过仔细阅读每个案例中的相关文本表述可以发现，这些产业技术路线图首先通过产品或应用领域来界定产业范围，每个路线图都包括一个或多个相关的产品/应用领域。另外，这些路线图也界定了提供产品或应用的主要纵向相关产业或价值活动，本书将其称为主产业价值链。此外，有两个路线图（《广东省软包装印刷设备制造产业技术路线图》和《广东省 LED 产业技术路线图（2011 版）》）还界定了与主产业价值链上的产业/活动相关的其他产业/活动或者配套产业/活动，本书将其称为相关/配套产业价值链。综上所述，本书所研究的广东省产业技术路线图案例都通过产品/应用领域和主产业价值链两个维度来界定产业范围，部分案例还界定了相关/配套产业价值链的范围，如表 4-3 所示。这也表明，这些产业技术路线图的范围不仅包括单一的产业/活动，而且涉及由产品/应用领域、主产业价值链和相关/配套产业价值链三个维度所共同界定的一系列相关产业/活动。

表 4-3　不同案例的产业范围

案例序号	范围		
	产品/应用领域	主产业价值链	相关/配套产业价值链
1	建筑陶瓷产品：抛光砖、仿古砖、瓷片和其他产品	原辅材料、机械设备、能源与水资源、回收利用、技术支撑、陶瓷产品	
2	无铅片元器件：电容、电阻、电感和磁性材料	无铅焊接材料、无铅电子制造设备、无铅片式元器件、无铅焊接产品检测	
3	蔗糖	原料与辅料、工艺与装备、资源化利用	
4	日用陶瓷产品：与食物接触的陶瓷器皿	坯釉料加工、检验入库、产品设计、模具制作、花纸印刷、装备制造	
5	软包装印刷设备	设计、制造、电控集成、机械设备、性能测试、回收再利用	软包装原材料、辅助材料、工艺设备、软包装产品
6	镁合金产品	镁合金开发与应用、熔炼与铸造、塑性加工、表面处理和装备制造、下游应用领域	
7	纺织品与服装：服装用纺织品、装饰用纺织品、产业用纺织品	纺织材料、纺织、染整、产品设计加工、市场及使用	

续表

案例序号	范围		
	产品/应用领域	主产业价值链	相关/配套产业价值链
8	稀土功能材料：稀土合金、稀土磁性材料、稀土发光材料、稀土储氢材料、稀土精细化工材料、稀土掺杂特种功能材料	稀土矿采选、冶炼、加工、稀土功能材料	
9	LED 照明产品、LED 显示产品、其他产品	LED 制造产业链：材料外延、芯片制备、器件封装、应用产品	原材料产业链、配套装备产业链
10	散货船、油船和集装箱船	配套柴油机、配套电子产品与系统	
11	卫星导航应用：高精度应用、车辆应用、行业应用和个人应用服务	接收机及关键部件、导航电子地图、系统集成应用服务、产业支撑体系	
12	摩托车	零部件生产、整车生产与检测、技术支撑、销售服务	
13	制冷家电产品、电热家电产品、电动家电产品	绿色材料、绿色关键部件与整机、绿色生产过程、绿色终端处理、共性技术	
14	石化下游产品：合成树脂、合成橡胶、合成纤维、液体化工产品、新产品和新材料	原料与辅料、系统优化、石化下游产品、技术支撑、仓储物流及服务	
15	平板电视	电视整机、新型显示、核心部件、内容服务	
16	涂料产品	关键原材料、涂料制造与产品、涂料应用、标准评价	
17	焊接应用领域：电子电器、船舶海工、汽车、能源制造、航空航天	焊接设备、焊接材料、焊接结构、焊接生产	
18	医用超声技术与设备、普放技术与设备、临床检验设备、CT（computerized tomography，计算机化断层显像）技术与设备、核磁共振技术与设备	研发设计、医用原料和元件、注册和生产制造、经营和销售	

为了进一步考察这些不同案例产业范围中所包含产业/活动的特性，本书在《国民经济行业分类》（GB/T 4754—2011）中搜集了每个路线图所涉及的主要产业代码。如表 4-4 所示，本书所研究案例中的产业范围均包括 4 个及以上 4 位产业代码，一些范围比较宽泛的路线图甚至包括了一个或多个 2 位或 3 位代码（如《广东省纺织服装产业技术路线图》《广东省稀土产业技术路线图》《广东省摩托车产业技术路线图》）。所有路线图中的大部分产业代码属于制造业门类（2 位代码范围 13～43），部分路线图涉及属于信息传输、软件和信息技术服务业门类的代码（《广东省卫星导航产业技术路线图》和《广东省平板电视产业技术路线图》），少数代码涉及批发和零售业及修理和其他服务业（《广东省摩托车产业技术路线图》）、科技推广和应用服务业（《广东省家电产品绿色制造技术路线图》）、农业（《广东省制糖产业节能减排技术路线图》）和采矿业（《广东省稀土产业技术路线

图》)。部分产业代码虽然出现在多个不同的案例中，但是这些案例的主要产业代码具有显著的差异。因此，本书所研究的 18 个案例所涉及的产品/产业/活动范围主要为制造业，且都具有明显的差异。

表 4-4　不同案例产业范围中的主要产业代码和产业类型

序号	案例	主要产业代码	产业类型
1	《广东省建筑陶瓷技术路线图》	2643，3032，3071，3079，3089，***3515，4220***	成熟产业
2	《广东省无铅技术路线图》	3424，***3240，3821***，3822，***3824，2664，3399***	新兴产业
3	《广东省制糖产业节能减排技术路线图》	0133，1340，***3411，3532，4220***	成熟产业
4	《广东省日用陶瓷产业技术路线图》	2643，3073，3089，***3546，4220***	成熟产业
5	《广东省软包装印刷设备制造产业技术路线图》	3468，***2642，3542，4220***	新兴产业
6	《广东省镁工业技术路线图》	***3217，3240，3250，3269，3360，3391，3516，4210***	新兴产业
7	《广东省纺织服装产业技术路线图》	17，18，28，3551，3553，3554，4029，2644	成熟产业
8	《广东省稀土产业技术路线图》	***093，323，3264，3240，2664，2619，3832***	新兴产业
9	《广东省 LED 产业技术路线图（2011 版）》	***2664，3969，3971，3562，3871***，3872，3879	新兴产业
10	《广东省船舶配套产业技术路线图》	3734，***3891***，4022，***4023，3922，3596***	新兴产业
11	《广东省卫星导航产业技术路线图》	***6330，4023，6591，6420，3921，3922，3940，3963，6510，6520，3596，4030***	新兴产业
12	《广东省摩托车产业技术路线图》	375，5174，5263，8012	成熟产业
13	《广东省家电产品绿色制造技术路线图》	3851，3852，3854，***4210，7514，3442，3462，3812，3821***	新兴产业
14	《广东省石化下游产业链技术路线图》	2511，2520，2661，3521，2651，2652，2653	成熟产业
15	《广东省平板电视产业技术路线图》	***3932，3951，3963，3969，3971，6591，6321***	新兴产业
16	《广东省涂料产业技术路线图》	2651，2641，2661，3360，3521	成熟产业
17	《广东省焊接产业技术路线图》	3424，***3429，3240，3562，3399***	新兴产业
18	《广东省医疗器械产业技术路线图》	***3581，3582，3583，3584，3585，3589，3490***	新兴产业

注：产业代码按照《国民经济行业分类》（GB/T 4754—2011）划分；黑斜体字标注了包含在国家统计局发布的《战略性新兴产业分类（2012）》中的产业代码

本书进一步交叉参考了国家统计局发布的《战略性新兴产业分类（2012）》以确定这些产业代码是否属于战略性新兴产业。在表 4-4 中，属于战略性新兴产业的代码用黑斜体字标注。在此基础上，本书将主要产品/产业/活动所涉及的代码是否包含在《战略性新兴产业分类（2012）》中来划分新兴产业的技术路线图和成熟产业的技术路线图，有包含的，将其产业类别归类为新兴产业，不包含的，将该路线图产业类别归类为成熟产业。部分案例虽然涉及了属于《战略性新兴产业分类（2012）》中节能、环保和资源回收利用活动的相关产业代码（《广东省建筑陶瓷技术路线图》、《广东省制糖产业节能减排技术路线图》和《广东省日用陶瓷产业技术路线图》)，但是仔细阅读案例文本发现这些路线图中只涉及节能、环保和资源回收技术的应用，其主要产品为成熟产品，因此本书将这些案例归类到成熟产业类别。《广东省家电产品绿色制造技术路线图》所涉及的主要产品(家用电器)虽然也是成熟产品，但是其主要的焦点是绿色产品和制造技术的开发，因此本书按照《战略性新兴产业分类(2012)》将其归类至新兴产业类别。此外，《广东省石化下游产业链技术路线图》和《广东省涂料产业技术路线图》虽然也涉及部分属于《战略性新兴产业分类(2012)》中的产品(如新型树脂材料、新型功能涂料等)，但其所涉及的大部分产品为成熟产品，本书将它们归类至成熟产业。这样，本书 18 个案例中有 7 个案例的主要产业类别为成熟产业，另外 11 个案例的主要产业类别为新兴产业，如表 4-4 所示。

4.5　广东省产业技术路线图的方法设计

本节将根据图 3-1 中技术路线图的通用框架结构和图 3-2 中技术路线图的通用研讨会开发过程来搜集数据考察案例中不同产业技术路线图在时间框架、主要层次和研讨会主题、子层次结构和研讨会子议题方面的异同。技术路线图框架的层次结构和开发过程中的研讨会主题具有一定的对应关系(Phaal et al.，2007)，即路线图不同层次中所包含的内容实际上是相应主题研讨会的输出。因此，本书通过搜集各个案例中给出的路线图主要层次及研讨会分析过程，输入、输出相关的文本数据来捕捉其中蕴含的层次概念和研讨会主题。通过初步考察这些数据，本书发现这 18 个案例的路线图都包括 4 个类似的主要层次、4 个相应的主题研讨会及 1 个制图研讨会。制图研讨会与路线图的框架结构设计没有直接的联系，每个案例的制图研讨会都包含了类似的综合前面主题研讨会的结果形成最终的路线图的活动。因此，本书将着重分析具有一定差异的、与路线图层次结构有着直接的对应关系的 4 个主题研讨会。

本节接下来的部分将首先分析不同案例的时间框架，其次按顺序分析 4 个主要层次和主题研讨会，再次分析子层次结构和研讨会子议题，最后探讨这些案例的共性路线图框架结构和研讨会开发过程。

4.5.1　时间框架

本书搜集了所研究案例的时间框架的相关数据，包括总体时间跨度和里程碑设置，如表 4-5 所示。这些案例的总体时间跨度为 5～13 年，平均时间跨度为 9.39 年。所有案例的时间区间都将里程碑设置划分为近期（1～4 年，平均值 2.93 年）、中期（2～7 年，平均值 3.73 年）和远期（2～5 年，平均值 4.33 年）。其中，有 6 个案例在远期区间并没有给出具体的时间跨度。从表 4-5 中的描述性统计可以看出，不同路线图案例中近期的时间区间差异较小（标准差=0.54），总体时间跨度（标准差=2.59）、中期（标准差=1.53）和远期（标准差=1.07）都具有一定的差异。因此，本书所研究的 18 个案例在时间框架方面，都将总体时间区间划分为近期、中期和远期，但是总体时间跨度和里程碑设置都具有较大程度差异。

表 4-5　不同案例的时间框架（单位：年）

序号	案例名称	总体时间跨度	近期	中期	远期
1	《广东省建筑陶瓷技术路线图》	13	3	5	5
2	《广东省无铅技术路线图》	10	3	2	5
3	《广东省制糖产业节能减排技术路线图》	8	3	5	无明确年限
4	《广东省日用陶瓷产业技术路线图》	13	3	5	5
5	《广东省软包装印刷设备制造产业技术路线图》	10	3	7	无明确年限
6	《广东省镁工业技术路线图》	6	3	3	无明确年限
7	《广东省纺织服装产业技术路线图》	10	4	3	3
8	《广东省稀土产业技术路线图》	10	3	2	5
9	《广东省 LED 产业技术路线图（2011 版）》	5	1	2	2
10	《广东省船舶配套产业技术路线图》	8	3	5	无明确年限
11	《广东省卫星导航产业技术路线图》	10	3	2	5
12	《广东省摩托车产业技术路线图》	13	3	5	5
13	《广东省家电产品绿色制造技术路线图》	10	3	2	5
14	《广东省石化下游产业链技术路线图》	8	3	5	无明确年限
15	《广东省平板电视产业技术路线图》	6	3（0～3）	3（2～5）	3（3～6）
16	《广东省涂料产业技术路线图》	13	3	5	5
17	《广东省焊接产业技术路线图》	10	3	3	4
18	《广东省医疗器械产业技术路线图》	6	3	3	无明确年限
平均值		9.39	2.93	3.73	4.33
标准差		2.59	0.54	1.53	1.07
最小值		5	1	2	2
最大值		13	4	7	5

注：无明确年限的不纳入计算范围

4.5.2　第一个主要层次和主题研讨会——产业环境

针对第一个主题研讨会，本书考察了其主要输入条目、分析过程和输出条目的相关数据。通过阅读每个案例第一个研讨会的输入条目和具体文本，本书总结了主要的输入内容（表 4-6）。如表 4-6 所示，所有 18 个案例都搜集了关于国内外产业现状、广东省本地产业现状、市场与应用领域及产业技术发展现状的数据资料，17 个案例搜集了本地企业关于市场需求、产业目标、技术壁垒和研发需求方面的问卷调研数据，大部分案例（14 个）都搜集了专利情报。此外，一些案例还搜集了国家和广东省产业政策（5 个），技术标准和环境法规等（7 个），以及其他经济、社会和文化环境等（5 个）的相关数据资料。因此，虽然不同案例的输入情报具体内容有所侧重，但都属于产业情报的范畴，包括产业、市场、应用领域、技术、政策、标准、环境法规，以及其他经济、社会和文化环境方面的情报资料。

表 4-6　第一个研讨会的输入——产业情报

案例序号	国内外产业现状	广东省本地产业现状	市场与应用领域现状	国家和广东省产业政策	产业技术发展现状	专利情报	技术标准和环境法规等	其他经济、社会和文化环境等	问卷调研数据
1	√	√	√	√	√			√	√
2	√	√	√		√	√			√
3	√	√	√		√	√			√
4	√	√	√	√	√		√	√	√
5	√	√	√		√	√			√
6	√	√	√		√	√	√		√
7	√	√	√		√	√	√	√	√
8	√	√	√		√	√			√
9	√	√	√	√	√		√		
10	√	√	√	√	√	√			√
11	√	√	√		√	√			√
12	√	√	√	√	√	√		√	√
13	√	√	√		√	√	√		√
14	√	√	√		√	√			√
15	√	√	√		√	√			√
16	√	√	√		√	√	√	√	√
17	√	√	√		√	√	√		√
18	√	√	√		√				√

注：√表示路线图案例包含该项情报内容，空白表示不包含

通过阅读每个案例报告中与第一个研讨会分析过程相关部分，本书总结了其主要的分析活动步骤如表 4-7 所示。其中，所有案例都进行了国内外产业发展趋势分析、市场/应用领域和客户需求趋势分析，并最终进行了广东省本地产业发展的机会与威胁分析和广东省本地产业发展的驱动因素分析。部分案例开展了与其他相关产业的关联性分析（4 个）和政策、经济、社会与技术（policy，economy，society and technology，PEST）分析（4 个）。可以看出，这些活动均属于产业环境扫描范畴。

表 4-7　第一个主题研讨会的分析活动步骤——产业环境分析

案例序号	国内外产业发展趋势分析	市场/应用领域和客户需求趋势分析	与其他相关产业的关联性分析	PEST 分析	广东省本地产业发展的机会与威胁分析	广东省本地产业发展的驱动因素分析
1	√	√	√	√	√	√
2	√	√			√	√
3	√	√			√	√
4	√	√	√	√	√	√
5	√	√			√	√
6	√	√			√	√
7	√	√		√	√	√
8	√	√			√	√
9	√	√			√	√
10	√	√		√	√	√
11	√	√			√	√
12	√	√	√		√	√
13	√	√			√	√
14	√	√	√		√	√
15	√	√			√	√
16	√	√			√	√
17	√	√			√	√
18	√	√			√	√

注：√表示路线图案例执行了该分析活动，空白表示未执行

每个案例的路线图的第一个层次包含了第一个研讨会的输出条目。通过阅读这些输出条目和路线图报告中的相关文本，本书发现这些条目主要是关于影响产业发展的主要驱动因素，可以划分至市场、技术与政策三类，如表 4-8 所示。从总体来看，这些案例更侧重于市场驱动因素（48%），其次是技术驱动因素（41%），

政策驱动因素占的比例最小（11%）。但是，不同案例的侧重点也有较大差异，如案例 3、案例 9、案例 10、案例 13、案例 15、案例 17 中技术驱动因素的比例最大，而案例 1、案例 4、案例 5、案例 6、案例 7、案例 8、案例 12 中政策驱动因素的比例大于技术驱动因素。

表 4-8　第一个研讨会的输出——驱动因素

案例序号	市场驱动因素		技术驱动因素		政策驱动因素		总数/个
	数量/个	占比	数量/个	占比	数量/个	占比	
1	5	83%	0	0	1	17%	6
2	7	78%	2	22%	0	0	9
3	3	21%	11	79%	0	0	14
4	5	83%	0	0	1	17%	6
5	6	75%	0	0	2	25%	8
6	6	67%	1	11%	2	22%	9
7	9	90%	0	0	1	10%	10
8	19	38%	15	30%	16	32%	50
9	29	48%	30	49%	2	3%	61
10	3	16%	12	63%	4	21%	19
11	14	58%	9	38%	1	4%	24
12	5	83%	0	0	1	17%	6
13	22	47%	25	53%	0	0	47
14	7	47%	7	47%	1	7%	15
15	10	33%	20	67%	0	0	30
16	4	50%	2	25%	2	25%	8
17	13	34%	19	50%	6	16%	38
18	20	74%	4	15%	3	11%	27
均值	10.39	48%	8.72	41%	2.39	11%	21.50

注：本表的数据未经修约，可能存在比例合计不等于 100%的情况

为了进一步验证对于这些不同类型驱动因素所蕴含概念的推断，本书对市场、技术和政策三类驱动因素分别进行了关键词分析。在汉语语言中，表达语义的关键词都是名词、动词和形容词（张华平等，2014）。其中名词是驱动因素的主体或客体，动词是驱动因素的变动行为，而形容词则给出了驱动因素的属性。因此，本书利用 NLPIR 在线软件对名词、动词和形容词分别进行了词频分析。市场驱动

因素指的是用户对于产品/技术的价格、成本、功能、性能、用途、种类、外观等的需求及其变化的趋势；技术驱动因素指的是产品、工艺、设备、原材料等新技术发展所带来的机会和威胁；政策驱动因素指的是政府政策、技术标准、环境保护法规对于产业和技术发展的要求和约束，以及政府的政策支持与激励所带来的机会。表 4-9 中列出了三类驱动因素文本中出现频率排名前 10 位的名词、动词和形容词。

表 4-9　不同类型驱动因素的关键词分析

排名	市场驱动因素						技术驱动因素						政策驱动因素					
	名词	词频	动词	词频	形容词	词频	名词	词频	动词	词频	形容词	词频	名词	词频	动词	词频	形容词	词频
1	产品	58	服务	12	安全	4	技术	35	生产	15	清洁	7	资源	9	节能	5	安全	3
2	需求	19	增长	10	特殊	3	材料	14	研发	10	先进	6	环保	7	利用	4	卫生	1
3	材料	13	应用	8	知名	3	工艺	12	处理	7	安全	5	政策	4	综合	3	矛盾	1
4	功能	10	提高	7	美观	3	质量	11	提高	7	稳定	4	产品	4	增加	2	稳定	1
5	主流	9	满足	5	舒适	3	效率	9	制造	6	重要	3	设备	4	标准化	2	合法	1
6	成本	9	增加	4	合理	2	成本	8	控制	6	突出	3	绿色	3	完善	2	平衡	1
7	设备	8	增强	4	健康	2	绿色	7	应用	6	均匀	2	标准	3	节能	2	清洁	1
8	技术	6	扩大	4	丰富	2	环保	6	利用	6	优异	1	技术	3	规范	2	有力	1
9	市场	6	智能化	4	稳定	2	系统	6	回收	5	不同	1	人才	2	国产化	2	充足	1
10	性能	6	多样化	3	便利	1	设备	6	自动化	4	精细	1	壁垒	2	回收	2		

综上所述，通过上述对输入、分析过程和输出的分析，可以看出第一个研讨会的主要活动是分析产业情报，扫描产业环境，并最终识别出影响产业发展的重要市场驱动因素、技术驱动因素和政策驱动因素。不同的案例虽然在输入情报内容、分析活动步骤和具体输出的驱动因素类别有不同的侧重，但是都反映了扫描产业环境和探索产业发展驱动因素的核心概念。因此，本书所研究的 18 个案例的第一个研讨会都以产业环境为核心主题，与此相对应，这些路线图的第一个层次也都蕴含了“产业环境”的核心概念。

4.5.3　第二个主要层次和主题研讨会——产业价值链

第二个主题研讨会的输入即第一个主题研讨会（产业环境）输出的驱动因素，因此本书接下来着重分析第二个主题研讨会的分析过程和输出。通过阅读每个案例报告中相关部分的文本，本书总结了第二个主题研讨会的主要分析活动步骤如

表 4-10 所示。表 4-10 中的数据显示，所有案例都进行了本地产业价值链优势与劣势分析、SWOT 分析和本地产业发展目标分析；大部分案例都分析了本地产业与国内外领先者的经济绩效和技术差距（10 个），并深入分析了本地产业价值链分领域（9 个）；部分案例还分析了本地产业资源状况和经济绩效（8 个）及本地产业发展问题（6 个）；此外，大部分案例对产业发展目标与驱动因素关联进行了分析（11 个）；部分案例给出了产业发展目标量化指标分析（5 个）。可以看出，这些活动主要是对本地产业价值链的优势、劣势和差距进行分析，进而制定产业发展目标的活动。

表 4-10　第二个主题研讨会的分析活动步骤——产业价值链分析

案例序号	本地产业资源状况和经济绩效分析	本地产业与国内外领先者的经济绩效和技术差距分析	本地产业发展问题分析	本地产业价值链分领域分析	本地产业价值链优势与劣势分析	SWOT 分析	本地产业发展目标分析	产业发展目标与驱动因素关联分析	产业发展目标量化指标分析
1	√	√			√	√	√	√	
2		√		√	√	√	√		
3	√	√			√	√	√	√	√
4	√		√		√	√	√	√	
5	√	√		√	√	√	√		√
6		√		√	√	√	√		√
7			√		√	√	√	√	
8			√		√	√	√	√	
9			√		√	√	√	√	
10	√			√	√	√	√		√
11	√			√	√	√	√		
12		√	√		√	√	√	√	
13	√	√		√	√	√	√		
14	√			√	√	√	√	√	
15		√			√	√	√	√	
16		√	√		√	√	√	√	√
17				√	√	√	√		
18		√		√	√	√	√	√	

注：√表示路线图案例执行了该分析活动，空白表示未执行

每个案例的技术路线图的第二个层次包含了第二个研讨会的输出条目。通过阅读这些输出条目和技术路线图报告中的相关文本，本书发现这些条目主要是关于产业的发展目标，可以划分至经济与环境、技术、政策三类，如表 4-11 所示。

从总体来看，这些案例更侧重于技术目标（58%），其次是经济与环境目标（24%）和政策目标（18%）。但是，不同案例的侧重点也有较大差异，如案例 6 和案例 7 中经济与环境目标的比例最大，而案例 1、案例 10 和案例 12 中政策目标的比例最大。

表 4-11　第二个主题研讨会的输出——产业发展目标

案例序号	经济与环境目标		技术目标		政策目标		总数
	个数	占比	个数	占比	个数	占比	
1	3	33%	2	22%	4	44%	9
2	6	43%	8	57%	0	0%	14
3	9	30%	16	53%	5	17%	30
4	4	44%	1	11%	4	44%	9
5	3	33%	4	44%	2	22%	9
6	5	56%	3	33%	1	11%	9
7	5	56%	2	22%	2	22%	9
8	14	20%	38	54%	19	27%	71
9	11	22%	40	78%	0	0%	51
10	4	27%	3	20%	8	53%	15
11	4	20%	13	65%	3	15%	20
12	3	30%	2	20%	5	50%	10
13	2	3%	55	95%	1	2%	58
14	5	33%	5	33%	5	33%	15
15	5	17%	19	66%	5	17%	29
16	3	33%	5	56%	1	11%	9
17	5	14%	23	64%	8	22%	36
18	18	40%	20	44%	7	16%	45
均值	6.06	24%	14.39	58%	4.44	18%	24.89

注：本表的数据未经修约，可能存在比例合计不等于 100% 的情况

为分辨不同类型的产业发展目标所蕴含的概念内涵，本书进一步将经济与环境、技术和政策三类目标条目分别输入 NLPIR 在线软件并对名词、动词和形容词进行词频分析。表 4-12 中列出了三类目标文本中出现频率排名前 10 位的名词、动词和形容词，其中对经济与环境目标只识别出了 8 个形容词。从表 4-12 中可以

看出，三类目标所涉及的名词、动词和形容词都具有较大差异，体现出三类目标在主体或客体、变动行为和属性方面都具有显著差异。通过考察这些关键词的含义，并仔细阅读原文中相关表述，可以发现：经济与环境目标是关于经济绩效、能源利用效率、资源回收利用和环境保护方面的目标；技术目标是关于产品、生产工艺、设备和原材料等的功能、性能和质量方面的目标；政策目标主要是关于标准制定、创新政策、人才培养和基地平台建设等方面的目标。

表 4-12　不同类型产业发展目标的关键词分析

排名	经济与环境目标						技术目标						政策目标					
	名词	词频	动词	词频	形容词	词频	名词	词频	动词	词频	形容词	词频	名词	词频	动词	词频	形容词	词频
1	产品	21	提高	21	配套	2	技术	68	提高	50	先进	15	产业	23	建立	22	友好	1
2	成本	19	降低	18	完善	2	产品	32	生产	20	清洁	7	体系	16	提高	11	高级	1
3	品牌	9	生产	13	先进	2	材料	21	开发	19	均匀	3	技术	16	完善	10	严格	1
4	市场占有率	7	应用	12	知名	2	水平	23	应用	18	精密	5	标准	14	建设	8	健康	1
5	材料	7	实现	7	重要	1	工艺	14	制造	18	合适	2	平台	13	创新	8	先进	1
6	设备	6	利用	7	安全	1	系统	13	突破	18	有效	3	企业	8	发展	8	平衡	1
7	市场	6	扩大	6	有效	1	装备	13	研发	17	精细	2	材料	8	服务	7	合法	1
8	产业	6	产业化	6	全面	1	设备	13	控制	13	合理	2	基地	8	持续	6	合理	1
9	价格	6	下降	5			质量	12	建立	9	安全	5	行业	7	评价	6	配套	1
10	三废	5	自给	4			成本	11	处理	8	适用	2	人员	7	标准化	5	具体	1

综上所述，第二个研讨会的主要活动是在识别出的环境驱动因素的基础上对本地产业价值链的优势、劣势和差距进行分析，进而制定产业发展目标。虽然不同的案例在分析活动步骤和具体输出的产业发展目标侧重点上有所不同，但是都反映了分析本地价值链和制定产业发展目标的核心概念。因此，本书所研究的 18 个案例的第二个研讨会都以“产业价值链”为核心主题，与此相对应这些路线图的第二个层次也都蕴含了“产业价值链”的核心概念。

4.5.4　第三个主要层次和主题研讨会——技术系统

第三个研讨会的输入即第二个研讨会（产业价值链）输出的产业发展目标，因此本书接下来着重分析第三个研讨会的分析过程和输出。通过阅读每个案例报告中相关部分的文本，本书总结了第三个主题研讨会的主要分析活动步骤如表 4-13 所示。表 4-13 中的数据显示，所有案例都进行了产业技术领域分析和产业关键技术分析；大部分案例开展了专利与知识产权分析（13 个）和产业关键技术与产业发展目标的关联分析（12 个）；部分案例还考察了产业关键技术难点与障碍（7 个）及环境法规和技术标准方面的技术壁垒（5 个）。总体来看，这些活动主要是对产业技术系统和技术领域进行分析，进而识别需要突破的产业关键技术。

表 4-13　第三个主题研讨会的分析活动步骤——技术系统分析及其输出——关键技术

案例序号	产业技术领域分析	专利与知识产权分析	环境法规和技术标准方面的技术壁垒分析	产业关键技术难点与障碍分析	产业关键技术分析	产业关键技术与产业发展目标的关联分析	输出：关键技术条目数
1	√			√	√	√	13
2	√	√			√		18
3	√	√			√	√	30
4	√		√	√	√	√	24
5	√	√		√	√	√	17
6	√	√		√	√	√	52
7	√	√	√	√	√	√	10
8	√	√			√		59
9	√				√		136
10	√	√		√	√	√	23
11	√	√	√		√		23
12	√	√			√	√	19
13	√	√			√		70
14	√	√			√	√	15
15	√	√			√	√	30
16	√		√		√	√	11
17	√	√	√		√	√	35
18	√			√	√		29

注：√表示路线图案例执行了该分析活动，空白表示未执行

每个案例的路线图的第三个层次包含了第三个研讨会的输出条目。通过仔细阅读这些条目和报告中的文本，本书发现这些条目是每个路线图所识别出的所需要突破的关键技术，不同案例中将其表述为瓶颈技术、核心技术和共性技术等。

每个案例识别出的关键技术条目数从 11 个到 136 个不等，如表 4-13 所示。

综上所述，第三个研讨会的主要活动是根据产业发展目标对相关技术系统和技术领域进行分析，进而识别出实现目标所需要突破的关键技术。虽然不同的案例在分析活动步骤和具体输出的关键技术条目数及内容有所不同，但是都反映了分析技术系统和技术领域以识别关键技术为目的的核心概念。因此，本书所研究的 18 个案例的第三个研讨会都以“技术系统”为核心主题，与此相对应这些路线图的第三个层次也都蕴含了“技术系统”的核心概念。

4.5.5　第四个主要层次和主题研讨会——创新系统

类似地，第四个研讨会的输入即第三个研讨会（技术系统）输出的关键技术，因此本书接下来着重分析第四个研讨会的分析过程和输出。通过阅读每个案例报告中相关部分的文本，本书总结了第四个主题研讨会的主要分析活动步骤如表 4-14 所示。所有案例都分析了研发项目及优先性，研发模式、研发主体与组织模式，研发项目的风险-利润等；部分案例分析了产业创新能力和资源配置（7 个）、产业创新平台与支撑服务体系（7 个）及产业发展策略（4 个）。总体来看，这些活动主要是提出研发项目和实施模式，分析创新能力和资源差距，进而提出相关政策建议。

表 4-14　第四个主题研讨会的分析活动步骤——创新系统分析及其输出——研发项目与政策建议

案例序号	研发项目及优先性分析	研发模式、研发主体与组织模式分析	研发项目的风险-利润分析	产业创新能力和资源配置分析	产业创新平台与支撑服务体系分析	产业发展策略分析	输出：推荐研发项目条目数	输出：政策建议条目数
1	√	√	√				47	3
2	√	√	√	√			30	3
3	√	√	√	√			28	3
4	√	√	√	√	√		33	7
5	√	√	√			√	31	4
6	√	√	√		√		58	6
7	√	√	√			√	110	6
8	√	√	√	√			87	8
9	√	√	√		√		80	7
10	√	√	√		√		71	13
11	√	√	√		√		24	20

续表

案例序号	研发项目及优先性分析	研发模式、研发主体与组织模式分析	研发项目的风险–利润分析	产业创新能力和资源配置分析	产业创新平台与支撑服务体系分析	产业发展策略分析	输出：推荐研发项目条目数	输出：政策建议条目数
12	√	√	√	√			66	6
13	√	√	√		√		117	11
14	√	√	√				15	2
15	√	√	√	√			36	3
16	√	√	√	√		√	44	6
17	√	√	√			√	49	3
18	√	√	√		√		40	4

注：√表示路线图案例执行了该分析活动，空白表示未执行

每个案例的路线图的第四个层次包含了第四个研讨会的输出条目。通过仔细阅读这些条目和报告中的文本，本书发现这些条目包括推荐研发项目和政策建议两类。每个案例识别出的推荐研发项目条目数从 15 个到 117 个不等，政策建议条目数从 2 个到 20 个不等，如表 4-14 所示。虽然推荐研发项目条目数和政策建议条目数不具有可比性，但是这些数据仍旧显示了本书所研究案例更侧重于提出研发项目。

为进一步分辨政策建议所蕴含的概念内涵，本书将政策建议条目输入 NLPIR 在线软件并对名词、动词和形容词进行词频分析。表 4-15 中列出了出现频率排名前 10 位的名词、动词和形容词。通过考察这些关键词的含义，并仔细阅读原文中相关表述，可以发现：政策建议主要是关于创新资源配置与投入、合作互动及支撑平台建设等方面的措施建议。

表 4-15　政策建议条目的关键词分析

排名	名词	词频	动词	词频	形容词	词频
1	产业	51	建设	23	合理	3
2	技术	31	加强	18	积极	2
3	企业	17	研究	11	高级	2
4	资源	13	创新	11	关键	2
5	广东省	12	促进	9	重大	2
6	政策	12	培养	8	良好	2
7	项目	11	发展	8	知名	1
8	人才	10	服务	7	配套	1
9	平台	10	合作	6	稳定	1
10	产品	10	完善	6	统一	1

综上所述，第四个研讨会的主要活动是为突破关键技术提出研发项目，分析本地创新能力和资源差距，进而提出相关政策建议。虽然不同的案例在分析活动步骤和具体输出的研发项目及政策建议方面有所不同，但是都反映了提出研发项目和政策建议的核心概念。研发活动和创新政策是创新系统中的核心组成部分（Edquist，2004）。本书所研究案例的范围都是广东省本地的相关产业价值链，因此所涉及的研发活动和创新政策与区域创新系统（Asheim and Coenen，2005）及产业创新系统（Malerba，2002）都具有密切联系。因此，本书所研究的 18 个案例的第四个研讨会都以"创新系统"为核心主题，与此相对应，这些路线图的第四个层次也都蕴含了"创新系统"的核心概念。

4.5.6　子层次结构和研讨会子议题

虽然前面的结果表明本书所研究的 18 个案例都具有相同的主要层次和研讨会主题——产业环境、产业价值链、技术系统、创新系统，这些不同的案例在子层次结构和研讨会子议题安排上却具有较大差距。本书搜集了不同案例路线图子层次结构的数据如表 4-16 所示。数据显示，除了 5 个案例的路线图没有设置子层次，其余大部分案例都设置了一级子层次，其中有 3 个案例将一级子层次进一步分解为二级子层次。进一步考察可以发现，这些案例的子层次划分都对应于其路线图范围中的产品/应用领域、主产业价值链或相关/配套产业价值链上的产业/活动。由于前文的结果表明这些案例的路线图范围具有明显的差异，这些不同路线图的子层次结构也都具有显著的不同。但是，每个案例路线图的 4 个主要层次都具有一致的子层次结构。

表 4-16　不同案例的路线图子层次结构

案例序号	一级子层次	二级子层次
1	无	无
2	主产业价值链：无铅焊接材料、无铅片式元器件、无铅电子制造设备、无铅可靠性与标准	无
3	主产业价值链：原料与辅料、工艺与装备、资源化利用	无
4	无	无
5	无	无
6	主产业价值链：合金开发、熔炼与铸造、塑性加工、表面处理、装备制造	无
7	无	无
8	主产业价值链+产品/应用领域：稀土采选、稀土冶炼、稀土合金、稀土磁性材料、稀土发光材料、稀土储氢材料、稀土精细化工材料、稀土掺杂特种功能材料	无

续表

案例序号	一级子层次	二级子层次
9	相关/配套产业价值链：LED 制造产业链、LED 配套原材料产业链、LED 配套设备产业链	主产业价值链：材料外延、芯片制备、器件封装、应用产品
10	主产业价值链：船舶配套柴油机产业、船舶配套电子产业	无
11	主产业价值链：卫星导航接收机、卫星导航电子地图、卫星导航系统集成应用	无
12	无	无
13	产品/应用领域：制冷家电产品（空调器、电冰箱）、电热家电产品（微波炉、电饭锅）、电动家电产品（吸油烟机）	主产业价值链：材料与设计、关键部件与整机、生产过程、终端处理
14	主产业价值链：原料辅料及分离纯化技术、合成及系统优化、材料成型加工、仓储物流及服务	无
15	主产业价值链：电视整机、新型显示、核心部件、内容服务	无
16	主产业价值链：原辅材料、涂料制造与产品、涂料应用和标准评价	无
17	主产业价值链：焊接设备、焊接材料、焊接结构、焊接生产	产品/应用领域：电子电器、船舶海工、汽车、能源制造、航空航天
18	产品/应用领域：CT 设备、核磁设备、普放设备、超声设备、临床检验仪器	

技术路线图不同层次和子层次中所包含的内容实际上是相应主题研讨会的输出（Phaal et al.，2007）。因此，不仅路线图主要层次与研讨会主题具有对应关系，路线图的子层次与研讨会的子议题也具有对应关系。通过仔细阅读每个案例报告文本中与研讨会分析过程有关的部分，本书发现每个主题研讨会子议题项目与路线图子层次具有对应关系，设置了二级子层次的案例也都将研讨会的一级子议题进一步分解为二级子议题项目。

综上所述，本书所研究的 18 个案例的子层次结构和研讨会子议题具有显著差异。

4.6　广东省产业技术路线图的共性框架结构和研讨会开发过程

前文的结果表明，从路线图框架的时间维度来看，本书所研究的 18 个案例虽然在总体时间跨度和具体里程碑节点设置上具有较大差异，但是都将总体时间区间划分为近期、中期和远期三个区间。因此，这些案例在时间框架的区间设置上具有一定的共性。

从路线图框架的层次维度来看，这些案例都具有 4 个相同的主要层次：产业环境、产业价值链、技术系统、创新系统。其中，产业环境层次主要涉及影响产业发展的环境趋势和驱动因素，包括市场、技术与政策等方面。这个层次从技术路线图的知识结构视角来看（Phaal et al., 2004a）属于与变革原因相关的 know-why 知识范畴。产业价值链主要涉及本地产业价值链的优势、劣势、差距和发展目标，从知识结构视角来看属于与变革对象相关的 know-what 范畴。技术系统主要涉及实现发展目标所需要突破的关键技术，也属于技术路线图知识结构中的 know-what 范畴。而创新系统主要涉及研发项目和政策建议，属于技术路线图知识结构中与行动相关的 know-how 范畴。此外，大部分案例的 4 个路线图主要层次都划分了一级子层次，部分案例还进一步将一级子层次分解为二级子层次。据此，本书提炼了产业技术路线图的共性框架结构如图 4-1 所示。

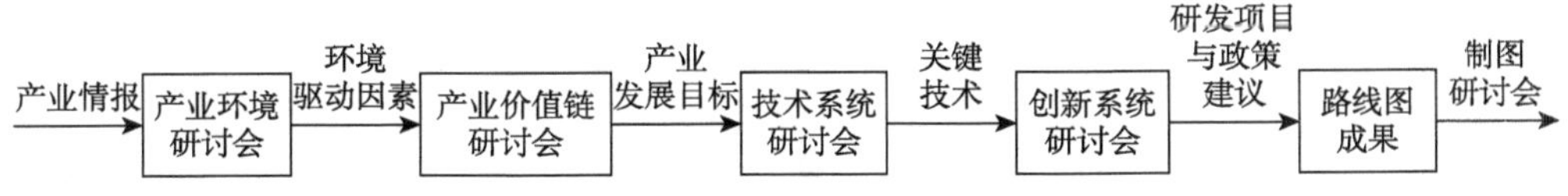

图 4-1　产业技术路线图的共性框架结构

与主要层次结构相对应，本书所研究的 18 个案例也都具有 4 个基本一致的主题研讨会。首先，这些案例的 4 个研讨会都具有类似的主题、分析过程和分析活动。其中，产业环境研讨会的主要活动是分析产业情报、扫描产业环境和识别环境驱动因素；产业价值链研讨会的主要活动是分析本地产业价值链的优势、劣势、差异和发展目标；技术系统研讨会的主要活动是分析相关技术领域，识别目标所需突破的关键技术；创新系统研讨会的主要活动是提出研发项目，分析本地创新能力和资源差距，进而提出相关政策建议。其次，这些不同案例具有一致的研讨会开发过程：4 个主题研讨会都按产业环境、产业价值链、技术系统和创新系统的顺序执行。在研讨会开发过程中，前一个研讨会的输出是后一个研讨会的输入。再次，在不同的案例中，相同的研讨会都有类似的输入和输出。产业环境研讨会的输入是产业、市场、应用领域、技术、政策、标准、环境法规，以及其他经济、社会和文化环境方面的产业情报资料；输出是产业环境中的市场、技术和政策方面的驱动因素。产业价值链研讨会的输入是环境驱动因素，输出是产业发展目标，包括经济与环境、技术和政策方面的目标。技术系统研讨会的输入是产业发展目标，输出是需要突破的关键技术。创新系统研讨会的输入是关键技术，输出是研发项目与政策建议。最后，这些案例的研讨会开发过程都包含一个类似的制图研讨会，用以综合 4 个主题研讨会的输出，形成最终的路线图成果。通过与图 3-2 中的技术路线图通用研讨会开发过程模型相对照，可以发现：产业环境研讨会是探索 know-why 层知识的研讨会；产业价值链和技术系统研讨会是探索 know-what 层知识的研讨会；创新系统研讨会是探索 know-how 层知识的研讨会。此外，产业环境研讨会的输入——产业情报对应图 3-2 中的情报范畴；产业环境研讨会的输出（环境驱动因素）对应图 3-2 中的驱动因素范畴；产业价值链研讨会的输出（产业发展目标）和技术系统研讨会的输出（关键技术），对应图 3-2 中的发展目标范畴；创新系统研讨会的输出（研发项目与政策建议）对应图 3-2 中的解决方案范畴。据此，本书提炼了产业技术路线图的共性研讨会开发过程如图 4-2 所示。

know-when		近期	中期	长期
know-why	产业环境	◆一级子层次 ■二级子层次		
know-what	产业价值链	◆一级子层次 ■二级子层次		
	技术系统	◆一级子层次 ■二级子层次		
know-how	创新系统	◆一级子层次 ■二级子层次		

图 4-2　产业技术路线图的共性研讨会开发过程

4.7　应用情境对广东省产业技术路线图方法设计的影响

从前文的分析结果可以看出，本书所研究的 18 个案例在路线图方法设计的不同方面（包括时间框架、主要层次和研讨会主题、子层次结构和研讨会子议题等）既有共同点也具有差异。本节将在此基础上，依据图 3-3 中的概念模型，探讨使用情境和对象情境等应用情境因素与这些路线图方法设计的共同点和差异的联系。

4.7.1　应用情境对路线图时间框架的影响

表 4-5 中的数据表明，从时间框架维度来看，本书所研究的 18 个案例在总体时间跨度和具体里程碑设置方面具有较大程度差异。技术路线图的规划时间跨度和里程碑设置往往会受到发起人（或称为所需解决问题的拥有者）的战略意图和期望的影响（Phaal et al.，2004a）。因此，本书首先考察发起人所提出的路线图目

标对时间框架的影响。表 4-2 中的数据表明，有 5 个案例在路线图目标中提出了具体的时间要求。本书将这 5 个案例路线图目标文本中关于时间要求的部分摘录下来，如表 4-17 所示。表 4-17 中还列出了这 5 个案例的总体时间跨度，可以看出，每个案例中实际的总体时间跨度大于或等于路线图目标中的时间区间要求。因此，上述结果表明，路线图目标中的时间要求会影响其总体时间跨度，其总体时间跨度大于或等于路线图目标中的时间区间要求。

表 4-17　路线图目标中含有具体时间要求的案例及其总体时间跨度

序号	案例名称	路线图目标中有关时间的要求	总体时间跨度
7	《广东省纺织服装产业技术路线图》	通过 5～10 年努力，建立广东省纺织服装工业可持续发展的技术和设计及供应链管理创新体系	10 年
11	《广东省卫星导航产业技术路线图》	到 2020 年形成完整的产业发展体系，即技术创新体系和产业保障体系	10 年（到 2020 年）
13	《广东省家电绿色制造技术路线图》	到 2020 年，中国家电绿色制造产业将实现由“中国制造”变为“中国自造和智造”，实现绿色、低碳发展模式	10 年（到 2022 年）
15	《广东省平板电视产业技术路线图》	对产业发展问题进行分析，探求广东平板电视产业未来 5 年的产业技术发展方向	6 年
17	《广东省焊接产业技术路线图》	未来 10 年，焊接装备自动化率在现有基础上提升 20%；在未来 10 年，把广东省建成支持焊接产业持续发展的技术研发、成果转化的国际级合作平台和国家级创新产业基地	10 年

另外，技术路线图具体的规划时间跨度、阶段和里程碑设置最终取决于路线图对象（产业/技术等）的演化周期与变革速度（Phaal and Muller，2009）。新兴产业处于技术动荡期，产品创新频繁，技术变革速度快，而当主导设计出现，产业进入成熟阶段后，产品创新和过程创新都呈下降趋势，技术变革速度减慢（Abernathy and Utterback，1978；Utterback，1994）。因此，本书进而考察了案例所涉及的产业类型是否属于新兴产业对于其时间框架的影响。如表 4-4 所示，本书 18 个案例的路线图对象产业主要属于制造业，其中有 7 个案例的主要产业类型为成熟产业，另外 11 个案例的主要产业类型为新兴产业。本书对这两组案例在总体时间跨度、近期、中期和远期的时间区间均值进行了 t 检验。表 4-18 中的检验结果显示，从数值上来看，新兴产业的总体时间跨度、近期、中期和远期的时间区间均值均小于成熟产业。t 检验结果表明，两组案例总体时间跨度和中期的时间区间均值存在显著差异（$p<0.05$），但是近期和远期的时间区间均值差异不显著。上述结果表明，路线图对象产业类型会影响其时间框架的总体时间跨度和里程碑设置，新兴产业路线图的总体时间跨度和近期、中期、远期的时间区间往往小于成熟产业路线图。

表 4-18　新兴产业案例和成熟产业案例时间区间均值差异的 t 检验结果

时间区间	产业类型	案例数量	均值	标准误	标准差	95%置信区间		t 统计量	p 值
总体时间跨度	成熟产业	7	11.1429	0.9110	2.4103	8.9137	13.3720	2.6709	0.0167**
	新兴产业	11	8.2727	0.6338	2.1019	6.8606	9.6848		
近期	成熟产业	7	3.1429	0.1429	0.3780	2.7933	3.4924	1.2671	0.2232
	新兴产业	11	2.8182	0.1818	0.6030	2.4131	3.2233		
中期	成熟产业	7	4.7143	0.2857	0.7559	4.0152	5.4134	2.5229	0.0226**
	新兴产业	11	3.0909	0.4759	1.5783	2.0306	4.1512		
远期	成熟产业	5	4.6000	0.4000	0.8944	3.4894	5.7106	0.7110	0.4933
	新兴产业	7	4.1429	0.4592	1.2150	3.0192	5.2665		

** $p < 0.05$

4.7.2　应用情境对路线图主要层次和研讨会主题的影响

图 4-1 和图 4-2 中的结果表明本书 18 个案例具有 4 个共性的主层次和研讨会主题：产业环境、产业价值链、技术系统和创新系统。许多研究表明，路线图的发起人及其所提出的目标是影响路线图方法设计的主要情境因素（Garcia and Bray, 1997; Phaal et al., 2001; Kappel, 2001; Lee and Park, 2005; Blackwell et al., 2008）。

本书 18 个案例中的路线图发起人都是政府。前文研究表明，政府作为发起人对这些路线图也都提出了具有一致性核心概念的目标：为技术创新和产业发展提供政府政策制定和企业管理决策依据。为达成这一目标，这些产业技术路线图的 know-why 层需要探索与路线图目标相关的产业环境中的驱动因素（产业环境），know-what 层需要将路线图目标具体化为产业和技术的发展方向（产业价值链和技术系统），know-how 层需要提出用以实现目标的政府政策和企业策略方面的解决方案（创新系统）。正是由于本书所研究 18 个案例都具有相同的发起人和一致性的路线图目标，这些路线图才形成了相同的主层次结构和研讨会主题。因此，本书研究结果表明产业技术路线图的发起人及其所提出的路线图目标会决定路线图的主层次结构和研讨会主题。

4.7.3　应用情境对路线图子层次结构和研讨会议题安排的影响

表 4-16 中的结果表明，本书所研究案例中的大部分路线图都将主层次分解为

一级子层次，部分路线图还将一级子层次进一步分解为二级子层次。不同路线图的具体子层次具有显著差异，与此相对应，具体研讨会子议题也具有显著不同。路线图对象的范围则界定了在各个层次中必须考虑和无须考虑的要素和内容（Phaal et al.，2004a），从而会影响具体子层次结构和研讨会的具体子议题安排。表 4-3 中的数据显示，本书案例中的路线图范围并不仅仅包括单一的产业/活动，而是涉及由产品/应用领域、主产业价值链和相关/配套产业价值链三个维度所共同界定的一系列相关产业/活动。通过对表 4-4 中不同案例产业范围中的主要产业代码的对比可以看出，这些不同案例所涉及的产品/产业/活动具有显著的差异。进一步考察表 4-16 中不同案例的子层次结构可以发现，这些路线图的具体子层次都对应于其路线图范围中的产品/应用领域、主产业价值链或相关/配套产业价值链上的产品/产业/活动。同时，研讨会子议题与路线图的子层次具有对应关系，从而研讨会子议题也都与路线图范围中的产品/产业/活动相关。因此，正是不同案例路线图范围的差异造成了这些路线图子层次结构和研讨会子议题的差异。这些研究结果表明产业技术路线图的范围会影响其具体的子层次结构和研讨会子议题。

第 5 章　产业技术路线图的定制化开发方法

本章将在前文对广东省产业技术路线图的跨产业多案例分析基础上，总结和提炼针对产业技术路线图应用情境的具有通用性的集成规划框架和规划过程。在实际的路线图应用中，应针对特定的应用情境因素在通用路线图模板的基础上进一步定制合理的规划框架和规划过程（图 5-1），只有这样才能够更好地满足特定产业技术路线图的目标要求。

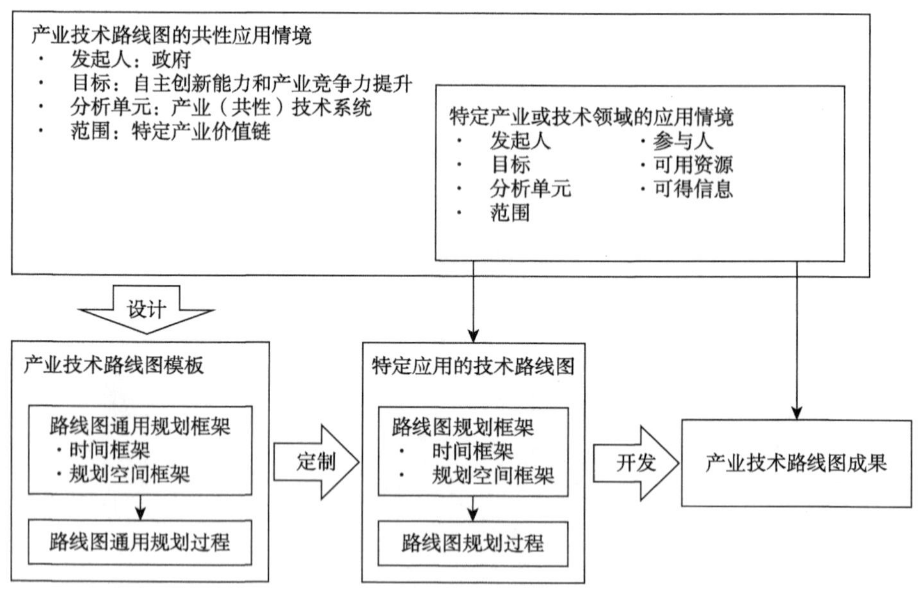

图 5-1　产业技术路线图规划框架和规划过程的定制过程

5.1　产业技术路线图的应用情境

广东省现阶段确立了以自主创新能力和产业竞争力“双提升”为战略目标，建设由先进制造业和现代服务业双轮驱动的现代产业体系的政策方向，并将传统产业升级和战略性新兴产业培育作为推进产业结构调整和转型升级、加快经济发展方式转变的突破口。广东省的产业技术路线图理论研究与应用实践正是在这样的背景下展开的，其应用情境具有一定的独特性。通过对表 4-1 中的 18 个产业技术路线图的发起人、目标、分析单元、范围等主要应用情境因素进行分析可以看出，这 18 个路线图在具体应用情境因素上存在一定的差异，但也呈现出一定的共性特征。

（1）发起人：这 18 个路线图的发起人都是政府，并由政府委托相关产业组织、研究机构或大学作为产业技术路线图的主持单位。政府会承担一部分技术路线图的制定费用，其余费用由参与单位共同分担。政府作为发起人，使得广东省的产业技术路线图除了关注技术发展目标，更关注产业发展和产业创新系统建设等公共政策目标。

（2）目标：广东省产业技术路线图的总体目标是自主创新能力和产业竞争力的提升，以及现代产业体系的构建。这个总体目标体现为具体领域的技术发展目标，以及产业发展（包括传统产业升级和战略性新兴产业培育）和产业创新系统建设等公共政策目标。

（3）分析单元：广东省产业技术路线图的分析单元以产业层次的技术系统为主。从产业生命周期来看，这些产业技术路线图的分析单元既包括成熟产业（传统产业），又包括新兴产业。

（4）范围：广东省产业技术路线图的分析单元主要以广东省为地理边界，而从产业价值链角度来看则既包括制造环节，又包括服务环节。

5.2　产业技术路线图的通用集成规划框架

在对表 4-1 中广东省 18 个产业技术路线图的跨产业多案例分析的基础上，本章总结和提炼了产业技术路线图的通用集成规划框架，如图 5-2 所示。

规划空间	过去	近期	中期	远期	愿景
产业演化环境					
产业价值链系统					
产业技术系统					
产业创新系统					

图 5-2　产业技术路线图的通用集成规划框架

产业技术路线图的时间框架应根据发起人的要求和具体产业与技术系统的演化特性来选择合适的规划区间跨度，一般可以年为规划时间单位。可采用类似于对数时间尺度的时间坐标，对近期进行详细的规划，对远期进行较为粗略的规划，可以包含过去的重要事件里程碑，以分析产业演化的历史与路径依赖性。产业技术路线图的规划空间主要包括产业演化环境、产业价值链系统、产业技术系统和产业创新系统四个层次，以满足政府为发起人、产业技术系统为分析单元、技术和公共政策双重目标等所限定的特殊应用情境的要求，这四个层次可进一步根据特定的应用情境划分为多个子层次。例如，产业演化环境可划分为全球产业因素、市场、政策、经济、社会、技术等不同的子层次；产业价值链系统可按照价值链环节划分为不同的子层次和模块；产业技术系统可按照不同的技术领域划分为不同的子层次和模块；而产业创新系统可以按照研发需求、能力构建、应用转化、创业孵化、创新平台、协同创新、资源保障等方面来进一步细分。

产业技术路线图的规划框架具有显著的知识集成性，能够支持知识在规划过程中从不同的侧面被捕捉、结构化和分享（Phaal et al.，2004b），进而促进和达成官、产、学、研等各方的对话、共识和行动。

（1）know-why。产业演化环境描述了产业系统发展的动因，包括全球产业因素、市场、投入、相关产业及政策、经济、社会、技术等方面，可进一步分为需求拉动、技术推动和能力驱动三类动因。这些动因是关于产业发展的 know-why 层面的知识。

（2）know-what。产业价值链系统和产业技术系统体现了产业发展的变革对象与目标。产业价值链系统与商业模式创新和产业发展目标相联系，而产业技术系统与技术创新和产业技术目标相联系，这两个层次是关于 know-what 层面的知识。

（3）know-how、know-who 与 know-where。产业创新系统涉及研发需求、能力构建、应用转化、创业孵化、创新平台、协同创新、资源保障等组织、政策与制度创新措施，属于 know-how 层面的知识。产业创新系统也涉及创新网络中的创新主体间如何协同与交互，属于 know-who 和 know-where 层面的知识。

（4）know-when。时间轴标示了动因、事件、目标、行动的时间属性，属于 know-when 层面的知识。

产业技术路线图的规划框架也具有显著的战略集成特性，将各种环境因素和可能的演化路径与分支汇集成一体，可以支持回答关于战略规划的三个基础性问题（Phaal et al.，2004b）：①我们的目标是什么？②我们现在在哪里？③我们如何才能到达目的地？在路线图规划过程中可将这三个问题沿时间维度和规划空间维度展开，通过不断的探索、迭代和沟通，达成关于目标和跨领域、跨组织、跨地域的协同创新行动计划的共识。

5.3　产业技术路线图的通用集成规划过程

5.3.1　产业技术路线图集成规划过程的主要阶段

在对表 4-1 中广东省 18 个已经完成的产业技术路线图应用的规划过程进行分析的基础上，围绕本书所设计的产业技术路线图集成规划框架，总结和提炼了产业技术路线图的集成规划过程，如图 5-3 所示，由计划阶段、开发阶段和实施与更新阶段三个阶段组成。

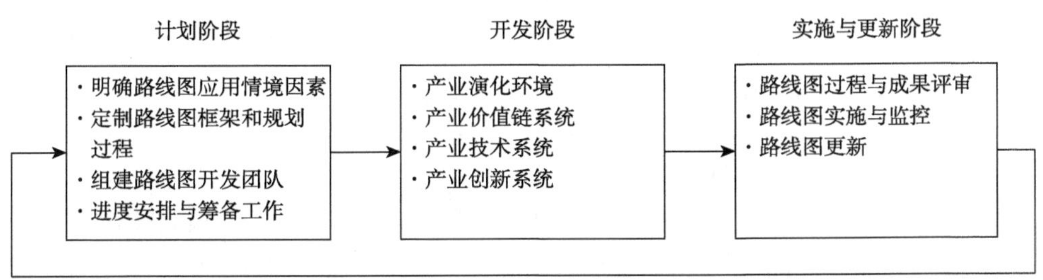

图 5-3　产业技术路线图集成规划过程的主要阶段

1. 计划阶段

计划阶段以发起人所关注的、需要通过路线图制定来解决的问题为焦点来明确应用情境并制订路线图的方案（Garcia and Bray，1997）。广东省产业技术路线图所关注的问题聚焦于如何通过创新政策来推动特定传统（成熟）产业的升级、战略性新兴产业的培育或者是特定共性技术领域的发展。其计划阶段主要包括如下几个步骤。

（1）明确路线图应用情境因素。根据发起人所关注的问题和要求来明确目标、分析单元、范围、参与人、投入资源和可用信息等应用情境因素。

（2）定制路线图框架与规划过程。根据特定的情境因素对路线图框架和规划过程进行定制。

（3）组建路线图开发团队。路线图开发团队的参与者应根据路线图范围覆盖产业价值链上的企业、供应商、客户等，还应包括相关政府机构、产业组织、大学、研究机构等。复杂的路线图项目还应根据技术领域/价值链环节等来组建专业的工作小组。

（4）进度安排与筹备工作。包括整体进度安排、研讨会的时间与地点、情报信息搜集处理、资料准备等。

2. 开发阶段

开发阶段指依据所定制的路线图框架和过程来开发所期望的路线图输出成果的过程。路线图的开发阶段一般采用主题研讨会的方式来捕捉、结构化和共享跨领域专家的知识。广东省的产业技术路线图的开发阶段通过产业演化环境、产业价值链系统、产业技术系统和产业创新系统四个通用主题研讨会来聚焦专家思维，达成产业演化动因、方向和行动的共识。

3. 实施与更新阶段

路线图制定完成后还需要进行评审、实施和更新，才能够发挥更大作用。

（1）路线图过程和成果评审。对路线图制定的过程和成果进行评审，并以此来改进产业技术路线图的框架、规划过程和支持工具。

（2）路线图实施与监控。根据路线图成果制订具体的行动计划，包括研发项目、投资决策、使能因素构建等，并对这些实施计划的执行进行监控。

（3）路线图更新。按照一定的周期对产业技术路线图进行更新，以保持路线图的“活力”，并使路线图规划过程成为相关产业领域制度化的沟通和对话过程。更新的周期则需根据产业中需求动因与技术动因变化的情况来确定。

5.3.2 产业技术路线图开发阶段的通用步骤

产业技术路线图的开发阶段由四个通用步骤组成，分别聚焦产业演化环境、产业价值链系统、产业技术系统和产业创新系统等方面，通过主题研讨会来融合专家知识，逐步构建关于产业发展的动因（产业演化环境）、方向（包括产业价值链系统和产业技术系统）和行动（产业创新系统）的共识。从过程的角度来看，这四个通用步骤通过专家研讨会将输入转化为输出，每个步骤具有不同的功能，接受不同的输入，产生不同的输出，如图 5-4 所示。

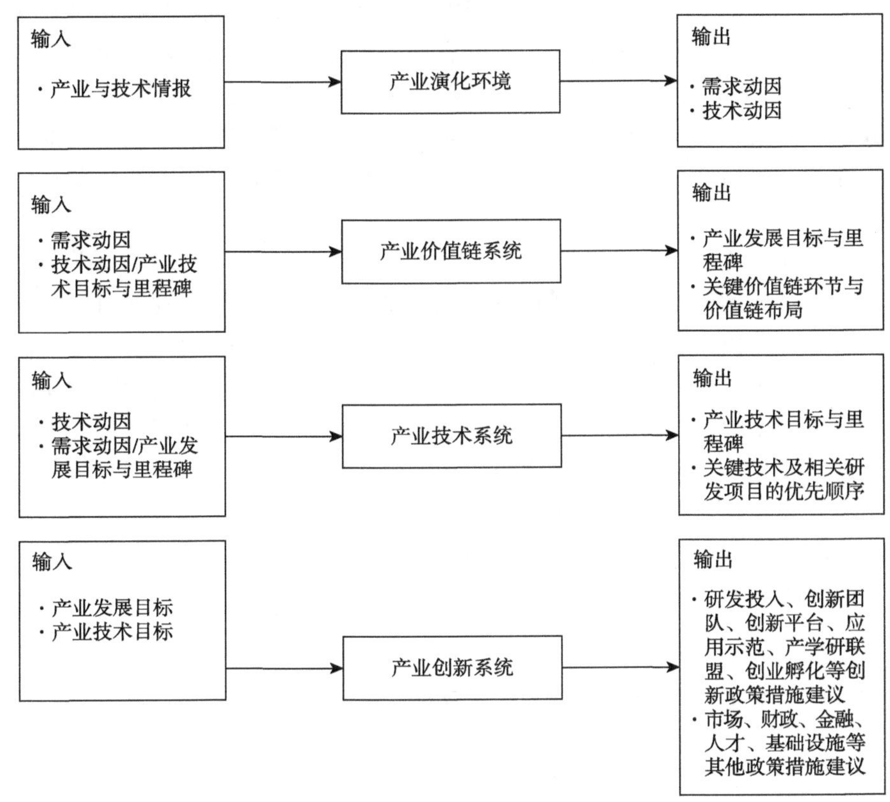

图5-4　产业技术路线图开发过程的通用步骤

（1）产业演化环境主题研讨会。以产业与技术情报为输入，扫描产业演化环境，确定主要的需求动因与技术动因。识别影响产业发展的主要已知趋势和不确定因素，包括产业内部因素、市场、投入、相关产业及政策、经济、社会、技术等其他环境因素。按照作用机制将这些环境因素划分为需求动因（拉动）和技术动因（推动），并确定优先顺序，从而确定主导演化动因，并进一步对发展战略进行分析。对于不确定性较高的情况（如新兴产业），可采用情景规划方法来构建和推演多种未来可能的情景，然后选择有限的几个情景进行进一步分析。

（2）产业价值链系统主题研讨会。以需求动因、技术动因/产业技术目标与里程碑为输入，分析产业价值链系统的发展方向，制定产业发展目标与里程碑。构建和分析产业价值链系统的模型，包括各个价值链环节及纵向价值链接、横向价值关系等。分析需求拉动动因作用下的产业价值链结构演变和价值迁移的趋势，识别价值创造与获取的机遇。确定产业发展目标（包括产业升级目标或新兴产业培育目标等）和里程碑。按照价值链环节对产业发展目标进行分解，进一步识别关键价值链环节，并从产业链和地理空间两个维度来规划价值链布局。

（3）产业技术系统主题研讨会。以技术动因、需求动因/产业发展目标与里程碑为输入，分析产业技术系统的发展方向，制定产业技术目标与里程碑。分析各个价值链环节的主要技术要素，形成产业技术系统的总体概览，确定主要技术领域。分析技术推动动因作用下的技术发展趋势与技术机遇。确定产业技术目标和里程碑，分析技术差距、技术壁垒等，识别关键技术及相关研发项目的优先顺序。

（4）产业创新系统主题研讨会。以产业发展目标、产业技术目标为输入，分析实现这些目标的行动，提出创新政策和措施建议。依据产业发展目标和产业技术目标等综合分析产业创新系统相关的组织、政策与制度因素，识别障碍因素与使能因素，并排列优先顺序。提出研发投入、创新团队、创新平台、应用示范、产学研联盟、创业孵化等创新政策措施建议，以及市场、财政、金融、人才、基础设施等其他政策措施建议。综合路线图开发阶段的成果，制定产业价值链系统的发展、升级、新兴产业培育的目标和里程碑，制定产业技术系统发展的目标和里程碑，制定产业创新系统使能因素构建的目标和里程碑，确定这些不同目标和里程碑之间的关系与优先顺序，最终绘制总体路线图。

5.4 产业技术路线图的定制化开发过程

5.4.1 产业技术路线图规划框架的定制

产业技术路线图规划框架的定制主要涉及时间框架和规划空间框架两个方面。

（1）时间框架的定制。一般而言，对处于发展速度快或者发展方向具有较大不确定性的分析单元技术系统（如新兴技术或新兴产业），往往选择较短的规划区间；而对于发展速度稳定或者发展方向相对明确的分析单元技术系统（如成熟产业），则可选择较长的规划区间。

（2）规划空间框架的定制。一般可以根据发起人的要求、路线图目标、分析单元及其范围等因素从纵向层次结构和横向模块结构两个维度来进行规划空间框架的定制。表 4-1 中的 18 个产业技术路线图都不同程度地将产业环境、产业价值链系统、产业技术系统和产业创新系统四个层次继续分解为若干子层次，以突出发起人重点关注或与路线图目标紧密联系的驱动因素，形成了纵向多级层次结构。同时，有 11 个路线图根据产业价值链环节或技术领域将规划框架横向分解为多个相对独立的模块，首先根据模块间的价值链联系和技术联系定义统一的接口，其次针对每个模块分别制定路线图，最后根据事先定义的接口将各个模块的路线图整合为一体。

5.4.2　产业技术路线图开发过程的定制

产业技术路线图的开发阶段需要按照影响产业系统演化的主导动因来安排各个通用开发步骤的先后顺序，形成三种主要的开发过程模式——需求拉动的自顶向下开发过程、技术推动的自底向上开发过程和交互驱动的双向反复开发过程，如图 5-5 所示。

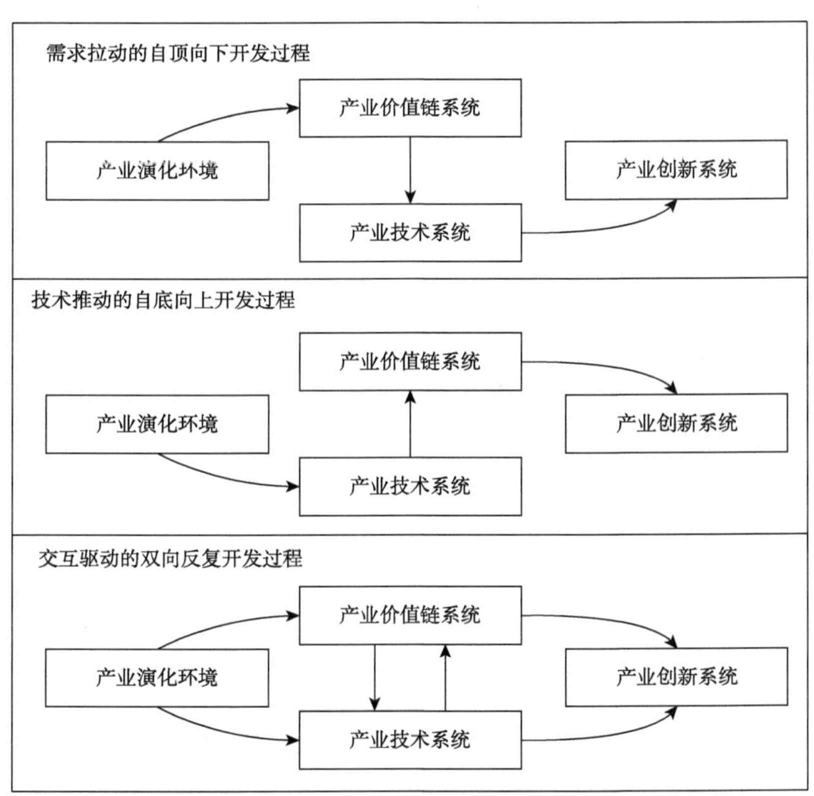

图 5-5　产业技术路线图的三种开发过程模式

（1）需求拉动的自顶向下开发过程。针对产业系统演化以需求拉动为主导动因的情况。其路线图开发过程形成了“产业演化环境（需求动因）—产业价值链系统（商业模式创新）—产业技术系统（技术创新）—产业创新系统（组织、政策与制度创新）”的自顶向下分析流，如图 5-5 所示。以产业演化环境的主导需求动因为起点，分析产业价值链系统的发展方向和目标，进而分析产业技术系统的发展方向和目标，最后分析产业创新系统相关的障碍因素、使能因素与政策措施。

（2）技术推动的自底向上开发过程。针对产业系统演化以技术推动为主导动因的情况。其路线图开发过程形成了“产业演化环境（技术动因）—产业技术系统（技术创新）—产业价值链系统（商业模式创新）—产业创新系统（组织、政策与制度创新）”的自底向上分析流，如图 5-5 所示。以产业演化环境的主导技术动因为起点，分析产业技术系统的发展方向和目标，进而分析产业价值链系统的发展方向和目标，最后分析产业创新系统相关的障碍因素、使能因素与政策措施。

（3）交互驱动的双向反复开发过程。针对需求因素和技术因素对产业系统演化都起重要作用的情况。其开发过程需要组合需求拉动的自顶向下分析流（“需求动因—商业模式创新—技术创新”）和技术推动的自底向上分析流（“技术动因—技术创新—商业模式创新”），通过这两个方向分析流的多次交替形成双向反复的分析过程，从而合成需求动因和技术动因的作用力，凝聚形成合理的产业发展方向。

实际的路线图开发过程要比上述三种抽象的过程模式更为复杂。针对特定的产业，需要首先确定产业系统演化的主导动因，进而在此基础上选择和设计合适的开发过程。在路线图开发过程中综合专家知识，结合产业生命周期和产业价值链两个维度来分析和辨识产业系统演化的主导动因，如图 5-6 所示。

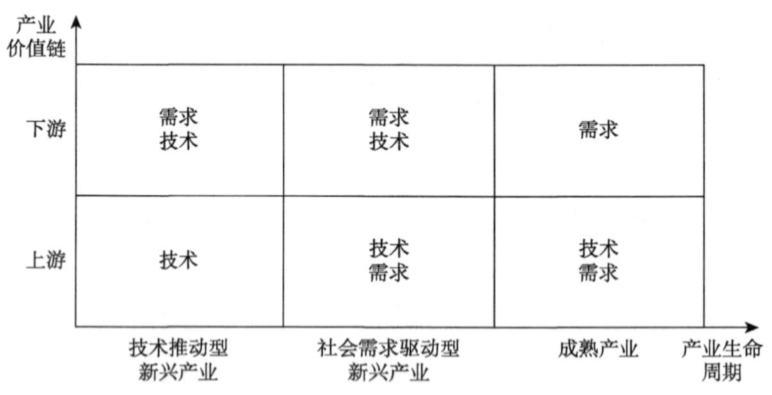

图 5-6 产业系统演化的主导动因分析矩阵

每个区域中需求和技术的重要性顺序不同，排在上方的相对重要

从产业生命周期的角度来看，对于成熟产业而言，由于主导设计已经形成，技术性能的改进已经趋于稳定，其主导演化动因往往是需求因素。新兴产业则分为技术推动型新兴产业和社会需求驱动型新兴产业两种情况（Yasunaga et al.,

2009）。对源于重大技术突破的技术推动型新兴产业而言，技术推动因素是其主导演化动因，尤其是在以技术开发为主的萌芽阶段，在进入以应用开发为主的初始阶段和以市场开发为主的增长阶段后，与应用和市场相关的需求拉动因素的作用才开始不同程度地体现出来。而对源于社会需求驱动而催生的新兴产业或技术系统而言，如低碳技术及相关产业，从最初就必须首先考虑应对全球变暖等社会需求因素，并同时考虑相关低碳技术的发展，然后才能考虑相关产品和服务，因而需求和技术因素都起着重要的作用。

从产业价值链的角度来看，靠近终端市场与客户的价值链下游环节受需求因素的影响更大，往往需要根据需求因素来识别相关的技术与研发要求；而产业价值链的上游环节作为材料、设备、组件等技术输入的提供者，受到技术因素的影响更大，往往专注于技术性能的延续性改进。

通过对产业生命周期和产业价值链两个维度的分析，可以形成不同的技术与需求演化动因组合，如图 5-6 所示。依据所辨识出的产业系统演化主导动因组合，便可以进一步设计和选择合适的路线图开发过程。但是，图 5-6 中产业系统演化的主导动因分析矩阵所给出的演化动因组合仅可作为分析的参考和起点，实际产业系统的主导演化动因应结合相关技术发展的特点来做更深入的分析。例如，从产业生命周期角度来看半导体产业早已进入成熟阶段，但其处于产业价值链的上游，受到芯片制造工艺和设备等技术因素的影响更大，因而 ITRS 一直采用技术推动的自底向上路线图开发过程，致力于延续摩尔定律的指数曲线改进趋势（Kostoff and Schaller，2001）。然而近年来随着通信、汽车、照明、环保、能源、健康、娱乐、安全等应用领域的发展，对交互和能耗控制要求更高，ITRS 从 2005 年开始根据应用领域的需求因素来识别摩尔定律之外的更多技术要素，逐渐形成了需求拉动与技术推动动因交互作用的路线图开发过程。

广东省的产业技术路线图应用主要依据上述方法来识别特定产业的主要演化动因并进而设计合适的路线图开发过程。成熟产业领域的产业技术路线图主要采用了需求拉动的自顶向下开发过程。例如，《广东省建筑陶瓷技术路线图》《广东省摩托车产业技术路线图》。社会需求驱动型新兴产业领域的产业技术路线图主要采用了技术与需求因素交互驱动的双向反复开发过程。例如，《广东省家电产品绿色制造技术路线图》。一方面，降低能耗和环境保护已经成为全球性的社会需求，RoHS（Restriction of Hazardous Substances，关于限制在电子电器设备中使用某些有害成分的指令）、WEEE 指令（Waste Electrical and Electronic Equipment Directive，报废电子电器设备指令）、ErP（Energy-related Products，耗能产品生态设计要求指令）和 REACH（Registration，Evaluation，Authorization and Restriction of Chemicals，化学品注册、评估、许可和限制）等相关国际和国内环保指令和法规形成了“绿色准入壁垒”；另一方面，新的绿色技术、产品和服务的探索和研发也给家电产业带来了巨大的技术挑战，家电产业绿色制造技术的发展受到需求拉动和技术推动动因的交互影响。与此相对应，《广东省家电产品绿色制造技术路线图》的制定采用了双向反复开发过程。技术推动型新兴产业领域的产业技术路线图的制定则主要采用了技术推动的自底向上开发过程。例如，《广东省 LED 产业技术路线图（2011年版）》。总体来看 LED 产业受到技术推动因素的影响更大，尤其是上游 LED 配套原材料和 LED 配套装备等两个环节主要采用了技术推动为主的自底向上开发过程，而下游 LED 应用和制造环节需要考虑更多的市场需求因素，因而采用了需求因素与技术因素相结合的双向反复开发过程。

第6章　产业技术路线图开发过程中的支持方法集成

技术路线图提供了集成各种战略规划方法的框架和过程（Phaal et al.，2005），路线图开发过程中往往会使用多种支持工具和方法，包括市场分析方法、技术分析方法及其他支持工具（Vatananan and Gerdsri，2012）。这些方法都有其特定的设计用途和特点，不同的方法组合起来相互补充、相互支撑，从而可以用来支持技术路线图开发过程中的不同功能。

6.1　产业技术路线图支持方法的分类

技术路线图方法的形成与发展和技术预测、技术预见等方法紧密联系（Phaal et al.，2005），许多未来分析方法被广泛应用于路线图规划过程中，如德尔菲法、情景规划等。另外，作为一种战略规划方法，技术路线图开发不仅涉及未来推测和构建发展愿景等未来分析功能，还涉及问题识别、方案创意、优先排序和时序安排等规划功能，因此也大量使用通用的战略规划方法，如五力模型、SWOT 分析等。这些方法中既包括探索性方法（exploratory methods），也包括规范性方法（normative methods）（UNIDO，2005）。

探索性方法：以现在为起点，根据历史趋势、因果关系等来外推可能的未来。

规范性方法：以一种或一组可能（或期望）的未来初步看法为起点，然后向现在反推以考察这些可能的未来状态是否会形成，以及在给定的资源、技术等约束下如何达成或避免某种未来状态形成。

技术路线图的开发过程中需要将探索性方法和规范性方法结合起来。一方面，需要通过环境扫描（Phaal et al.，2005）、德尔菲法（Amer and Daim，2010）、情景规划（Strauss and Radnor，2004）等探索性方法来识别问题、预测未来并达成发展愿景和目标的共识；另一方面，需要利用形态分析（morphology analysis）（Yoon et al.，2008）、质量功能展开（quality function deployment，QFD）（Groenveld，1997）、层次分析法（analytic hierarchy process，AHP）（Gerdsri and Kocaoglu，2007）等规范性方法来形成方案创意、评估排序和规划行动。

技术路线图开发过程中既需要使用定量方法（quantitative methods），又需要使用定性方法（qualitative methods）。

（1）定量方法：定量方法依靠数据分析，并利用数字形式来表达结果，往往受限于数据可得性，其结果的可信性也往往依赖于数据的质量和分析模型的效度。

（2）定性方法：定性方法通常用于关键趋势或发展无法用简化的指标来捕捉，以及相关数据无法得到的情况，往往融合多个专家的创造性思维形成结果。

人们往往倾向于认为定量方法（如统计方法）得出的数字结果更为精确。然而精确并不意味着正确或者有用，定量方法往往由于其过于简化的模型与指标而无法正确和全面解释复杂的现象。从精确的角度来看，ITRS 所预测的未来技术节点往往会提前达成，而 ITRS 却被认为是指引产业技术方向和促进创新加速的路线图典范（Kostoff and Schaller，2001）。ITRS 的规划过程是在定量分析结果的基础上通过专家研讨会共识构建形成具有挑战性的技术目标，从而激发整个产业“跑赢路线图”（beat the roadmap）的加速创新行为。因此，应根据实际问题需要和方法技能要求合理地选择和组合定性与定量的方法来有效捕捉知识，以提高技术路线图开发过程的质量。

技术路线图开发过程所使用的方法也可分为基于专家的方法（expert-based approaches）和基于假设的方法（assumption-based approaches）（UNIDO，2005；Kostoff and Schaller，2001）。

（1）基于专家的方法：基于专家的方法依赖于专家的主观判断来获得信息和观点，其结果可以用定量形式表达（如德尔菲估计值），也可以定性形式表达（如情景叙述）。

（2）基于假设的方法：基于假设的方法往往基于某种理论假设或者模型，利用公开的统计数据或者文本数据来得到分析结果。基于假设的方法往往需要编制仿真程序，利用计算机来支持分析过程，因此也被称为基于计算机的方法（computer-based approaches）（Kostoff and Schaller，2001）。

一些基于专家的方法需要大范围调研专家观点（如德尔菲法），而另外一些方法则可通过小范围专家会议，更详细地构建愿景（如交叉影响分析、研讨会等方法）。ITRS 针对每个核心技术领域组建了由不同国家的跨领域专家组成的技术工作组，通过研讨会方法融合专家的知识和经验来识别路线图中的结构关系，并指定节点和链接的定性和定量属性（Kostoff and Schaller，2001）。与基于专家的方法相比，基于假设的方法更为客观，可以避免资源约束、个人偏见、专家日程安排冲突等局限性。一些基于假设的方法，如文献计量、专利分析、数据挖掘等方法，可被有效用于分析技术路线图规划空间中不同维度要素之间的结构关系（Kostoff and Schaller，2001）。但是技术路线图开发过程并不能完全通过计算机自动化实现，更需要通过人与人之间的沟通以促进知识融合和共识构建。基于假设的方法可以利用已知的编码化关系和规律，充分挖掘可得数据以发现新知识。而基于专家的方法可以克服数据可得性约束，激发专家的想象力来创造新知识。技术路线图开发过程应充分利用这两类方法的特点，以有效捕捉知识并构建关于发展的共识性知识架构。

6.2　产业技术路线图应用情境与支持方法的选择

选择、组合和使用合适的方法是技术路线图开发取得成功的关键因素之一（Vatananan and Gerdsri，2012）。每种方法都既有优点又有缺点，对于方法的选择主要取决于技术路线图应用的情境因素。发起人决定了技术路线图的目标、分析单元、范围、参与人、可用资源、可得信息等情境因素，而目标、参与人、可用资源、可得信息等都会影响路线图开发过程中的方法选择。

（1）目标是方法选择的关键决定因素。技术路线图的目标一般具有过程和产出两个方面。过程导向目标关注促进不同群体间的沟通、互动和共识构建的方法；而产出导向目标需要采用能够产出“硬”结果的方法，如关键技术识别与排序（UNIDO，2005）。技术路线图的过程与产出相比同等重要，甚至更为重要（Radnor and Probert，2004）。因此，路线图开发过程中需要根据过程导向目标和产出导向目标的重要性来平衡和选择不同的方法，并进行程序化的设计以便在制定过程中执行以提高工作效率。

（2）参与人也是重要的决定因素。一些方法，如德尔菲法，可以支持大量人员广泛但较为短暂的参与；与此相反，研讨会方法可以支持深入的知识融合和创造，但限于较小范围的有限群体（UNIDO，2005）。因此，路线图制定过程应结合这两种方法，一方面广泛采纳不同的观点，另一方面激发深入的创造性思维。此外，方法的选择还取决于参与人对于不同方法的经验和技能水平。因此，一方面需要选择有相关方法经验技能的人员参与路线图开发过程，另一方面也需要根据实际参与人员的能力来选择合适的方法。

（3）资源是方法选择的重要约束。不同的方法对于所需要消耗资源的要求不同。一些方法，如大范围调研，需要大量的费用支出和时间投入。因此，资源（尤其是时间和资金）约束着对不同方法的选择。

（4）可用信息也制约对不同方法的选择。不同的方法对于定量和定性数据具有不同的依赖性。一般而言，基于专家的定性方法可用于数据和信息难以获得的情况。而定量方法，尤其是基于计算机的方法，可以用来充分利用和挖掘可用数据与信息。

6.3　产业技术路线图制定过程中的支持方法应用

通过对表 4-1 中广东省的 18 个产业技术路线图的应用分析发现，这些路线图制定过程中最常用的方法是研讨会、德尔菲法、头脑风暴法、关联分析矩阵、关键技术法、SWOT 分析、环境扫描等，如表 6-1 所示。这些路线图既采用了研讨会、德尔菲法、头脑风暴法等促进不同群体间的沟通、互动和共识构建的方法，又采用了专利分析、关联分析矩阵、关键技术法等能够产出量化结果的方法，体现了过程目标与产出目标并重。这些路线图都采用了德尔菲法来广泛征询各方意见，同时也都采用了研讨会，以及大多数采用了头脑风暴法等方法来促进核心专家组的深度知识融合和创造性思维。此外，不同路线图开发步骤的采用方法也不尽相同，但是，有一些方法在每个路线图开发步骤中都显示出了较高的使用频率，如研讨会、德尔菲法、头脑风暴法和关联分析矩阵等。除上述采用较多的方法外，在市场需求分析中，环境扫描和 SWOT 分析的使用频率最高，在产业目标分析中多采用产业价值链分析，在技术壁垒分析中大都采用了关键技术法和专利分析，而在研发需求分析中大都采用了创新系统功能分析。

表 6-1　广东省产业技术路线图中支持方法的应用次数

方法	路线图开发过程步骤				合计
	市场需求	产业目标	技术壁垒	研发需求	
研讨会	18	18	18	18	72
德尔菲法	18	12	12	10	52
头脑风暴法	15	10	12	12	49
关联分析矩阵	5	12	11	3	31
关键技术法			17	2	19
SWOT 分析	18				18
环境扫描（PEST，STEEP 等）	18				18
趋势分析	8		6		14
产业价值链分析		14			14
专利分析			9		9

续表

方法	路线图开发过程步骤				合计
	市场需求	产业目标	技术壁垒	研发需求	
创新系统功能分析				9	9
情景分析		4			4

注：STEEP（social，technological，economical，ecological and political，社会、技术、经济、生态和政策）

6.4　产业技术路线图开发过程与支持方法集成

技术路线图开发过程中不同功能的活动需要利用不同的方法来支持，而方法选择还涉及方法之间的有效集成。一方面涉及方法之间的互补性，即不同方法所捕捉到的关于某一特定问题不同角度的知识能否拼接起来形成完整、一致的视图；另一方面涉及方法的相容性，即一种方法能否有效地利用之前分析过程中一种或几种方法的输出作为输入，并且其输出结果能否为后续分析过程中的相关方法提供高质量的输入。

实践中，不同类型的技术路线图过程，甚至每一个不同的技术路线图应用都集成了不同的支持方法集合。由于不同的技术路线图应用面临不同的问题情境，并没有简单的处方可以作为万能的方法集成方案。方法之间能否有效集成起来达成路线图开发过程的目标，取决于每一个方法能否有效满足开发过程中的不同类型分析活动的特定功能的输入、处理和输出要求。针对产业技术路线图的特定应用情境、规划框架和过程，本书对其开发过程所涉及的不同规划空间维度的功能要求和可选支持方法进行了梳理（表 6-2），以为路线图开发过程支持方法的集成提供参考。

表 6-2　产业技术路线图的功能要求与支持方法

功能要求	问题识别	愿景构建	方案创意	评估/规划
产业演化环境	环境扫描（PEST、STEEP、五力模型等） SWOT 分析	情景构建 趋势分析 德尔菲法	研讨会 头脑风暴法 交叉影响分析	情景规划
产业价值链系统	价值链建模与分析	投入产出分析 趋势分析 数据挖掘 德尔菲法	研讨会 头脑风暴法 交叉影响分析	关联分析矩阵
产业技术系统	技术发展包络线	文献计量 专利分析 技术挖掘 德尔菲法	形态分析 TRIZ	质量功能展开关联分析矩阵 关键技术方法

续表

功能要求	问题识别	愿景构建	方案创意	评估/规划
产业创新系统	创新系统功能分析	德尔菲法	研讨会 头脑风暴法 交叉影响分析	关联分析矩阵 创新矩阵 甘特图

产业技术路线图开发作为战略规划过程，主要涉及四种分析功能需求：问题识别、愿景构建、方案创意和评估/规划。

（1）问题识别：对产业和技术发展的环境进行扫描，识别产业技术路线图所需要解决的问题。

（2）愿景构建：对可能的未来状态进行推测，并达成未来发展愿景和目标的共识。

（3）方案创意：通过系统化分析和专家知识融合来识别和创造可选方案。

（4）评估/规划：对可选方案进行评估选择、优先排序和时序安排。

上述四种功能需求中，问题识别和愿景构建主要涉及探索性方法，以现在为起点，根据历史趋势和因果关系来外推可能的未来，并就未来发展愿景和目标达成共识。方案创意和评估/规划主要涉及规范性方法，以未来的发展愿景和目标为起点，向现在反推在给定的资源、技术、政策等约束下如何达成愿景和目标。

产业技术路线图开发过程所涉及的产业演化环境、产业价值链系统、产业技术系统和产业创新系统四个规划空间维度都需要上述四种功能，但是焦点和侧重点不同，因而需要使用不同的支持方法。

（1）产业演化环境：产业演化环境是路线图开发过程的起点，主要侧重问题识别，扫描产业内部、市场、投入、相关产业及政策、经济、社会、技术等其他环境因素，识别需要解决的焦点问题。但是也涉及通过情景变量组合和推演来推测及构建可能的未来情景并识别相关驱动因素和发展机遇，以及通过情景规划来选择所期望的未来情景并制定总体发展战略。

（2）产业价值链系统：产业价值链系统主要侧重产业发展目标确定和价值链升级、新兴产业培育等方案的制订。但也需要通过价值链建模来分析价值链结构演变和价值迁移的趋势与驱动因素，识别价值创造与获取的机遇，以及评估/规划相关价值链方案。

（3）产业技术系统：产业技术系统主要侧重技术目标的制定和技术方案的形成。也需要识别技术发展的趋势与驱动因素，包括技术机遇与目标、可供选择的不同技术方向，分析技术差距、技术壁垒等。同时需要评估、选择和规划关键技术要素和方案。

（4）产业创新系统：产业创新系统主要侧重评估/规划，建立产业演化环境、产业价值链系统、产业技术系统、产业创新系统等不同规划空间维度的目标和里程碑之间的联系，进行总体规划安排。但是也需要首先通过产业创新系统的结构和功能分析来识别相关障碍与使能因素，制定产业升级/新兴产业培育的相关使能因素构建的目标和政策措施。

第 7 章　案例:《广东省建筑陶瓷技术路线图》

建筑陶瓷属于泛家居产业范畴，以改善、美化人们的家居生活为目的。随着社会经济的发展，人们生活水平的日益提高，陶瓷已成为人们生活中很重要的一部分，建筑陶瓷更是如此。近年来，新兴陶瓷生产国的兴起和发展中国家陶瓷制品产量的大幅度增加，使世界陶瓷的总产量明显上升。中国作为世界最大的陶瓷生产国，陶瓷行业的发展更是与众不同，陶瓷市场五彩纷呈。

广东省是我国建筑陶瓷生产第一大省，广东省建筑陶瓷产量占全国建筑陶瓷产量的 50%～60%。虽然广东省建筑陶瓷产业在全国具有举足轻重的地位，在产品质量、技术开发等方面在国内占据优势，然而与建筑陶瓷工业发达的国家相比，差距仍然较大。为加快产业的技术进步，实现广东建筑陶瓷产业的改造升级与跨越式发展，2007 年 5 月，广东省科学技术厅将《广东省建筑陶瓷技术路线图》的制定列入省重点科技计划，予以支持立项。在经历 8 个月的编制后，路线图成果正式发布①。

7.1　传统产业改造的技术路线图应用情境

《广东省建筑陶瓷技术路线图》由广东省科学技术厅发起和资助，项目由广东省建筑陶瓷研究院牵头，并与华南理工大学和景德镇陶瓷学院（2016 年更名为景德镇陶瓷大学）共同承担，参与技术路线图制定工作的专家（均具备高级工程师或副教授以上职称）和工作组人员共 88 人。在参与路线图制定工作的专家经过多次研讨后，《广东省建筑陶瓷技术路线图》的应用情境逐步清晰并界定。

经过研讨和调研，专家组对建筑陶瓷的产业发展的状况和主要态势进行了总结。

---

① 本案例研究主要基于：周健儿，程晓勤，吴建青，等. 2010. 广东建筑陶瓷技术路线图. 天津：天津科学技术出版社.

（1）意大利和西班牙是世界建筑陶瓷强国，意大利 2006 年有陶瓷墙地砖生产企业近 270 家，共有 317 家工厂，拥有从业人员近 3 万人，建筑陶瓷工业产量 5.689 亿平方米，销售量 5.628 亿平方米，总销售额 55 亿欧元。陶瓷产品的一级品率达 96%～98%。瓷质砖占据意大利瓷砖主导地位，其年产量达到 3.6 亿平方米，占了总产量的 61%。瓷砖生产以一次烧成为主。西班牙 2003 年共有建筑陶瓷生产企业 250 家，工人总计 2.5 万人，瓷砖产值为 34.956 亿欧元。2005 年，西班牙全年瓷砖销售额为 39 亿欧元，较 2004 年增加 5 个百分点，其中地板砖占 61%，墙面砖为 39%。

（2）我国建筑陶瓷经过多年的发展，其产品质量、花色品种在一级生产工艺与装备上都取得了长足的进步，2006 年，我国建筑陶瓷总产量超过 42 亿平方米，占世界总产量的 65%，自 1993 年起至 2006 年连续 14 年保持建筑陶瓷世界第一生产大国的地位，其中出口超过 5.4 亿平方米，出口额 17.64 亿美元。然而，2006 年我国出口的墙地砖平均价格仅为 4.03 美元/米^2，釉面砖平均价格为 2.54 美元/米^2。中国建筑陶瓷产品在国际市场与国外产品的竞争中仍处于下风，整体开发能力与发达国家相比仍存在较大的差距。

（3）广东是我国建筑陶瓷生产第一大省，广东建筑陶瓷产量占全国建筑陶瓷总量的 50%～60%，建筑陶瓷的出口约占全国的一半。2006 年，广东省有建筑陶瓷生产企业近 1000 家，全产业工业总值约 300 亿元，全省建筑陶瓷产业从业人员约 10 万人。主要分布在佛山、东莞、江门、潮州、中山等地区。其中佛山是全国最大、知名度最高的建筑陶瓷产区，拥有全国最大的专业市场，产量在 10 亿平方米以上，卫生洁具产量约 700 万件，工业总产值约 250 亿元，约占全省陶瓷产业的 83%。同时广东建筑陶瓷产业还形成了全国乃至全球最大的建筑陶瓷商品集散及会展中心，拥有了一批如佛陶、鹰牌、蒙娜丽莎等龙头企业和著名品牌，构建了发达、完善的服务网络体系。

进一步的分析表明，虽然广东省建筑陶瓷产业在全国具有较大优势，但是与建筑陶瓷工业发达的国家相比差距较大，主要体现在产业的集约化程度和清洁生产水平较低，陶瓷制造中产生的烟尘固废等污染治理能力较差，产品的研发创新能力较弱，工艺、装备、标准、信息和管理等方面的系统化、数字化、规范化较为落后。根据上述分析，专家组进一步明确了路线图的目标、分析单元和范围等应用情境因素。

7.1.1　路线图目标

随着我国迈入小康社会步伐的加快，建筑陶瓷产品需求在不断扩大，产业发展的动力强劲。然而，我国建筑陶瓷产业仍存在发展水平低、技术落后、创新不足等问题，广东省建筑陶瓷产业面临着重大的发展机遇和严峻的挑战。因此，《广东省建筑陶瓷技术路线图》制定的目标是面向广东省建筑陶瓷传统产业升级，通过识别并突破产业发展的关键技术，加快产业技术进步，提升从原辅料加工到终端产品（或服务）的技术工艺水平，进而实现广东省建筑陶瓷产业新的跨越式发展。

7.1.2　路线图分析单元

路线图分析单元是由与建筑陶瓷产业链上各个环节相关的产品与工艺技术所组成的技术系统，如图 7-1 所示。

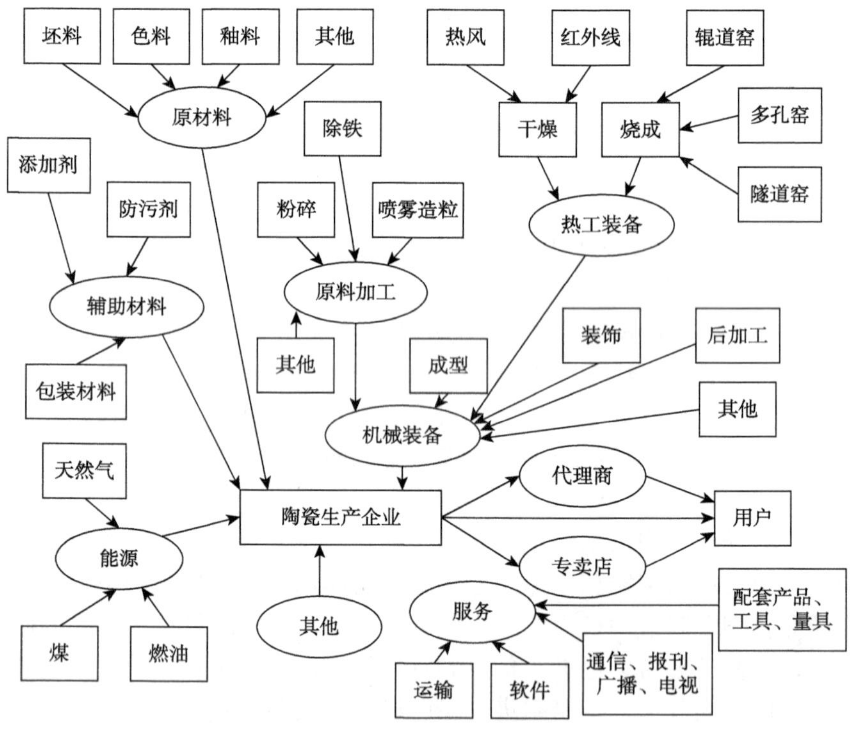

图 7-1　建筑陶瓷产业链

采用大类分析的方法，建筑陶瓷产业链状况由从原辅材料的加工到终端产品（或服务）的生产过程来界定。经过多年的发展，中国建筑陶瓷产业形成了由原辅材料、机械装备、能源与水资源、陶瓷产品、产品销售、技术支撑六大环节构成的产业链。

在建筑陶瓷的产业链上，原辅材料环节，包括坯料、色料、釉料等原材料的加工，防污剂、添加剂等化工材料和其他辅助材料的加工。机械装备环节，包括建筑陶瓷原料设备、成型设备、装饰设备、烧成设备、整理设备等技术设备和其他与建筑陶瓷生产相关的设备。能源与水资源环节，包括燃料、废料、废气、废水等方面的处理与利用，这些都与清洁生产息息相关。陶瓷产品环节，根据每一类产品的生产工艺不同划分为抛光砖、仿古砖、瓷片。而产品销售不属于本技术路线图的研究范围。技术支撑环节，包括专利、设计、信息、标准等方面，这些主要为其他五大环节提供支撑，提高产业链的韧性。因此，基于以上分析，建筑陶瓷产业链六大环节与建筑陶瓷产品生产和技术发展直接相关。

7.1.3　路线图范围界定

通过专家组多次讨论，依据广东省建筑陶瓷产业的特点，在界定了广东省建筑陶瓷产业链的基础上，确定了《广东省建筑陶瓷技术路线图》的边界和范围。如图 7-2 所示，从产业链上分，包括原辅材料、机械装备、能源与水资源、回收利用和技术支撑五个方面；从陶瓷产品上分，包括了抛光砖、仿古砖、瓷片和其他四个方面。

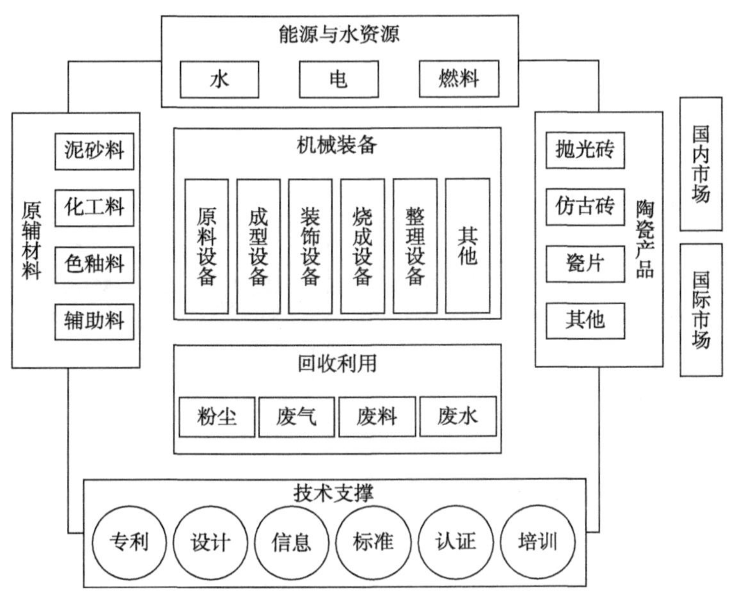

图 7-2　《广东省建筑陶瓷技术路线图》研究范围

7.2　传统产业改造的技术路线图规划框架与开发过程定制

依据广东省建筑陶瓷产业的目标、分析单元、范围等特殊应用情境，在计划阶段经专家委员会多次研讨，在产业技术路线图通用集成规划框架和开发过程的基础上对路线图的规划框架和开发过程进行了定制化设计。

7.2.1　路线图规划框架的定制

《广东省建筑陶瓷技术路线图》的规划框架如图 7-3 所示。在纵向上，参照产业技术路线图通用规划框架，包括了产业演化环境、产业价值链系统、产业技术系统和产业创新系统四个层次。在横向上，按照产业技术路线图的分析单元，又将规划框架划分为三个横向模块：节能降耗减排领域、建筑陶瓷原料领域、建筑陶瓷产品领域。

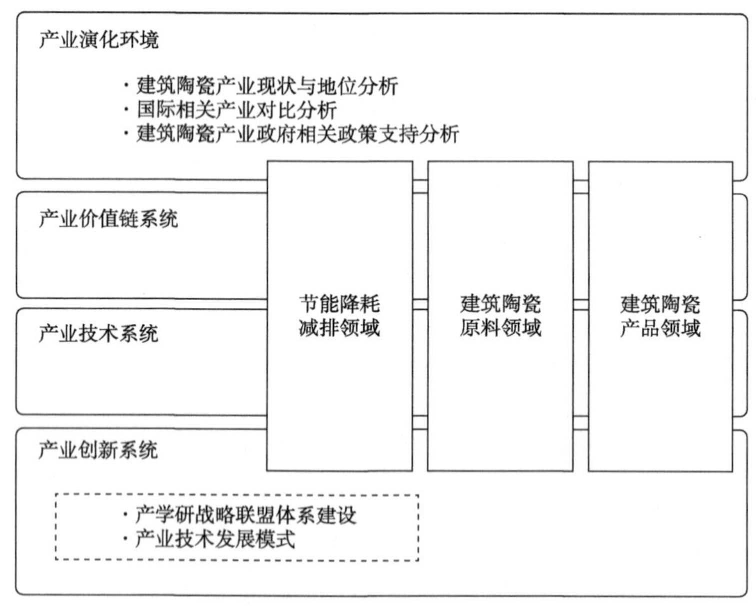

图 7-3　《广东省建筑陶瓷技术路线图》的规划框架

最终的路线图规划框架由以下五个相对独立模块构成。

（1）产业演化环境。首先，从产品设计与开发、原料标准化、装备技术、资源利用、废物利用和技术支撑六个方面对我国陶瓷产业与国际相关产业进行对比分析。其次，通过产业地位分析、产业资源现状分析、产业技术现状分析、产业关联度分析和 SWOT 分析，探索广东省建筑陶瓷产业在节能降耗减排领域、建筑陶瓷原料领域与建筑陶瓷产品领域等的产业市场需求和技术需求，分析市场需求要素，并对产业目标进行提炼。

（2）节能降耗减排领域。包括节能减排系统工程、辊道窑烟气回燃及喷雾干燥综合节能技术、喷雾干燥节能减排技术、清洁能源的开发与应用、余热发电与制冷技术等。

（3）建筑陶瓷原料领域。主要包括增塑外加剂的研究、低品质原料的利用、球磨效率、陶瓷原料标准化及锆原料替代品的研发等。

（4）建筑陶瓷产品领域。包括纸制品制备技术与装备、隔热保温建筑陶瓷勘察、低温快烧条件下的低吸水率砖的制造技术等。

（5）产业创新系统。包括产学研战略联盟体系的建设及产业技术发展模式等方面。

根据路线图分析单元的技术与产业发展趋势，《广东省建筑陶瓷技术路线图》的规划时间区间设定为 2008～2020 年，规划区间跨度为 12 年。

7.2.2　路线图开发过程的定制

《广东省建筑陶瓷技术路线图》的制定过程是对建筑陶瓷产品、建筑陶瓷原材料及节能降耗减排等的市场与技术发展历程学习和研究的过程。在进行大量的调研和理论分析之后，核心工作团队内部召开了多次路线图研讨会，统一了路线图制定的基本思想。

《广东省建筑陶瓷技术路线图》的制定流程按照“前期准备—中期专题研讨会与路线图雏形绘制—后期推广实施”这一主线流程展开，具体流程及不同工作阶段所采用方法如图 7-4 所示。

（1）前期准备阶段。成立“广东建筑陶瓷路线图编委会”，确定“领军人物”，并组建来自官、产、学、研等方面的建筑陶瓷专家工作团队。通过工作组的共同探讨，并依据前期的资料收集及广东省建筑陶瓷产业发展现状与趋势，从节能降耗减排领域、建筑陶瓷原料领域和建筑陶瓷产品领域出发，初步确定广东省建筑陶瓷产业的边界范围，收集产业政策、专利及论文等方面的相关文献资料。同时，对国内外有关陶瓷的技术路线图案例进行比较分析，总结异同，取长补短，并做出案例研究报告，为路线图制定提供重要参考文献。从专家、企业等层面开展市

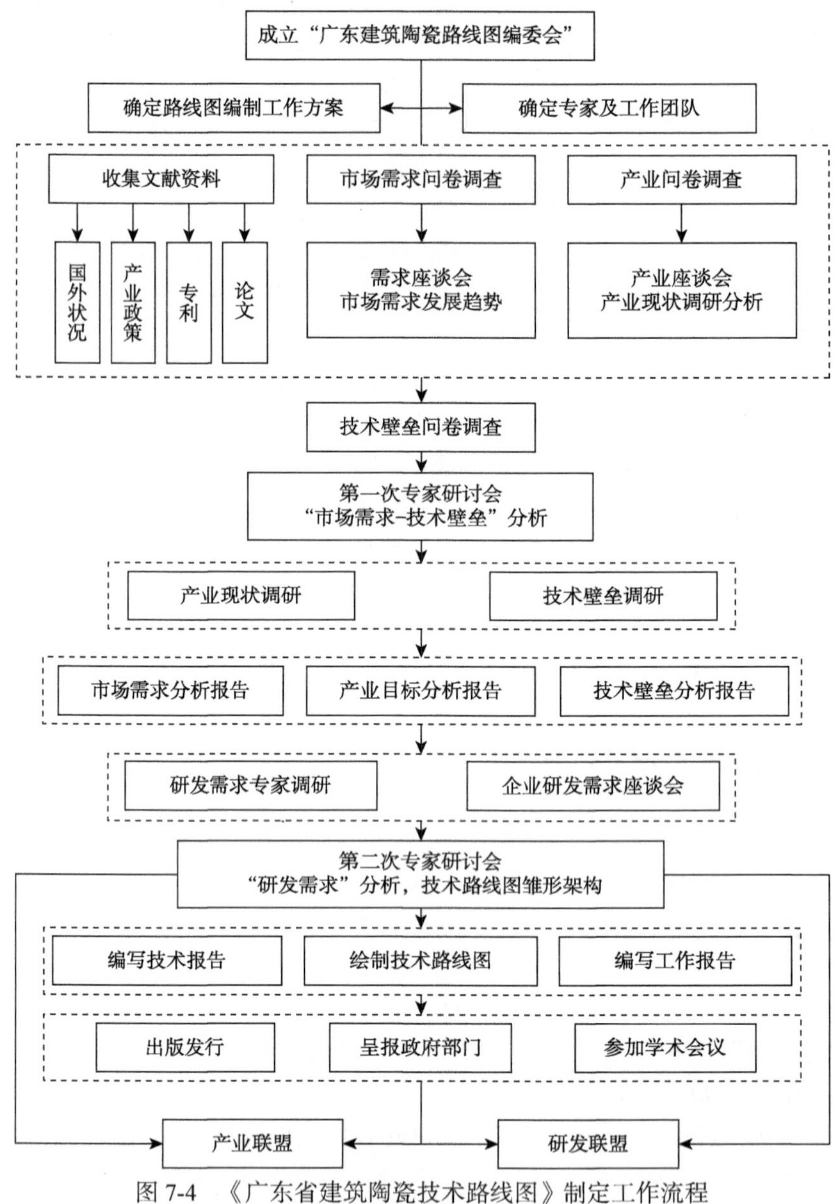

图 7-4　《广东省建筑陶瓷技术路线图》制定工作流程

场需求问卷和产业问卷调查，为后续的专题研讨会的召开积累数据和信息。

（2）中期专题研讨会与路线图雏形绘制阶段。根据产业技术路线图制定过程，结合我国建筑陶瓷产业技术现状，在充分的前期准备工作完成后，围绕市场需求、产业目标、技术壁垒、研发需求等主题进行调研，先后多次召开高质量专题研讨会，收集大量的行业信息和数据，获得市场需求分析报告、产业目标分析报告、技术壁垒分析报告等。在上述活动的基础上，从节能降耗减排领域、建筑陶瓷原料领域和建筑陶瓷产品领域三个方面编制广东省建筑陶瓷产业技术路线图，并最终完成《广东省建筑陶瓷技术路线图》雏形架构的制定。

（3）后期推广实施阶段。在《广东省建筑陶瓷技术路线图》雏形架构制定完成后，编写技术报告和工作报告。并通过产业联盟和研发联盟两个渠道，对路线图的研究成果从政府、行业、专家等多个层面进行宣传、推广。通过将技术路线图成果呈报政府部门，为政府及相关机构制订产业发展规划提供科学参考。

7.3　小　　结

建筑陶瓷产业是我国的传统产业，广东省是我国建筑陶瓷生产第一大省。制定《广东省建筑陶瓷技术路线图》，运用技术路线图方法发现并描述广东省建筑陶瓷产业发展的技术愿景及其路径，为产业提升提供技术方面的支撑。同时，在制定路线图的过程中，达成广泛的产业共识，为政府决策提供科学的依据，同时推动多层次、多领域的产、学、研合作，以形成合力加速产业的科技进步。《广东省建筑陶瓷技术路线图》于 2008 年正式发布，对提升行业的科技管理水平，提高科技成果转化应用效率，以及对政府制定政策、决策等都具有重要的意义。

第 8 章　案例:《广东省家电产品绿色制造产业技术路线图》

家电产业是广东省支柱产业之一，“广东家电”现已享誉国内外。家电产品绿色制造是实现广东省家电产业升级换代的重大发展战略，同时也是进一步实现从“广东制造”到“广东创造”模式转变的重要举措之一。2012 年 4 月 1 日，中华人民共和国科学技术部印发《绿色制造科技发展“十二五”专项规划》，提出了面向汽车、机械、家电、流程工业等国民经济支柱产业以及废旧家电与电子产品拆解与资源化、装备再制造等循环经济新兴产业需求，以制造业绿色化为目标，开展绿色制造基础理论和共性技术研究、典型绿色新产品、新工艺、新装备研制，形成绿色制造理论、技术和标准体系，支撑节能环保战略性新兴产业的发展。

家电产品绿色制造是广东省重点支持和培育的战略性新兴产业领域之一。为推动家电产品绿色制造的加速发展，广东省在 2010 年 2 月正式启动了《广东省家电产品绿色制造技术路线图》编制工作，委托中国电器科学研究院有限公司负责具体的实施工作，路线图成果于 2012 年正式发布[①]。

8.1　家电产品绿色制造产业技术路线图的应用情境

《广东省家电产品绿色制造技术路线图》在广东省统一部署下，依据产业技术路线图制定的基本原理和方法，以“市场拉动”为导向，遵循“市场需求—产业目标—技术壁垒—研发需求”这一路径，采用 3 条运行主线（项目实施主线、专家支持主线、过程监督主线）和 4 层工作结构（领导层、组织层、实施层、技术支持层）构成的“3+4”组织推进模式，聚集 100 多位国内外官、产、学、研方

① 本案例研究主要基于：章晓斌，王玲，符永高. 2012. 广东省家电产品绿色制造技术路线图. 广州：华南理工大学出版社.

面的专家智慧，对广东省家电产品绿色制造产业进行全面系统诊断。参与路线图制定工作的专家经过多次研讨逐步清晰界定了《广东省家电产品绿色制造技术路线图》的应用情境。

专家组对家电产品绿色制造技术发展的主要态势进行了总结。

（1）世界家电的生产主要集中在北美、亚洲和西欧，2011 年全球 83%的家电产品由这三个地区生产。其中，北美 80%的产量集中在美国及美墨边境；欧洲则以意大利为制造中心；东欧以其廉价的劳动力和接近西欧市场两大优势日渐兴起；亚洲市场潜力巨大，当地劳动力价格低廉，成为 21 世纪最大的家电生产基地。家用电器类产品由于体积庞大及区域贸易壁垒的缘故，就地生产多而出口规模小；消费类电子产品中，附加值高的产品由日本及欧洲厂商占据；韩国以低价位的产品进入市场；新兴工业国家生产一些成熟期的产品；中国则成为世界各大家电厂家降低成本和抢占市场的焦点。

（2）我国家电产业起步虽然较晚，但是发展迅速。2012 年，我国多个小家电产业销售额超百亿元规模。其中，电饭锅、电磁炉、净水产业的销售额均超过 100 亿元；电磁炉产业达到 104 亿元；电饭锅前三季度已经完成了 80 亿元，全年达到 106 亿元。然而，随着欧盟环保指令和法规关于限制在电子电器设备中使用某些有害成分的指令、报废电子电器设备指令、耗能产品生态设计要求指令、化学品注册、评估、许可和限制等国际国内有关环保指令的出台，以及在国内外家电强势竞争下，我国家电产业发展面临着严峻的挑战。

（3）经过 20 多年的发展，家电已成为广东最具国际竞争力的优势产业之一，2011 年 1～12 月，广东省家电业实现利润总额 198.36 亿元，同比增长 3.01%，完成销售收入 4949.01 亿元，同比增长 23.91%。但是，广东省的规模优势在于成熟和配套良好的产业群，以及优势的进出口贸易和原始设备制造（original equipment manufacturer，OEM）贴牌加工业，与国际先进的家电制造国相比，在产业技术水平、能耗、环保、生产效率等诸多方面存在差距。

进一步的分析表明，首先，我国在家电产品绿色制造技术上，产品绿色设计方面的技术基础工作缺乏先进、系统的开发设计理论指引，包括设计准则、设计方法及手段；在产品开发方面缺乏基础数据，包括材料及工艺等的环境影响方面定量评价数据，因此进行定量分析可能出现较大的偏差；在绿色制造工艺技术方面和推广应用方面有待加强；家电产品的回收处理及再资源化技术与发达国家存在较大差距。其次，我国已出台了一些促进绿色制造的政策，但在执行力度、设计深度及全面性方面还远远不够，缺乏符合国家环境保护政策和产业政策的绿色制造评价体系。根据上述分析，专家组进一步明确了路线图的目标、分析单元和范围等应用情境因素。

8.1.1 路线图目标

我国是世界家电产品第一生产大国，而广东省是中国家电的生产大省，家电产业的兴衰直接关系到广东省甚至国家经济的发展。作为我国家电产品绿色制造发展领先的地区之一，广东省面临着重大的发展机遇和严峻的挑战。因此，《广东省家电产品绿色制造技术路线图》制定的目标是实现我国家电绿色制造产业由“中国制造”变为“中国自造和智造”，实现绿色、低碳的发展模式，为用户提供优质的绿色、低碳家电产品的同时，提升广东省家电产业的国际竞争力，引领我国家电制造业的快速稳定发展。

8.1.2 路线图分析单元

家电产业产品种类众多，涉及电视机、空调器、洗衣机、电冰箱、热水器、电风扇等不同产品。为提高产业技术路线图的实用性和针对性，依据广东省家电产业特点，专家组对广东省家电产品绿色制造的分析单元进行了分析和聚焦。

2011 年，广东主要家用电器制造企业已经超过 3000 家，庞大的产业集群使得广东在全国乃至全球家电产业中都具有举足轻重的地位。经过多年的结构调整，广东省家用电器产业集中度得到明显提高，发展了以空调器、电饭锅、微波炉、电冰箱及吸油烟机等产品为主的产业集群，使得广东省家电产业发展更具特点和优势。据统计，2011 年，广东省空调器产量达到 6374 万台，电冰箱产量 1409 万台，微波炉产量 5293 万台，电饭锅产量 16 055 万台，吸油烟机产量达到 1379 万台，分别占全国总产量的 46%、16%、79%、88%、73%。

基于上述分析，专家组初步确定了以广东省最具特色的三类家电产品，即制冷家电产品（包括空调器和电冰箱）、电热家电产品（包括微波炉和电饭锅）及电动家电产品（以吸油烟机为代表）为《广东省家电产品绿色制造技术路线图》的分析单元。

8.1.3 路线图范围界定

依据广东省家电产业特点，《广东省家电产品绿色制造技术路线图》的制定以对整体行业起带动作用的广东省优势产品为导向，研究领域根据市场应用产品来进行界定。通过专家组多次讨论，在界定了制冷家电产品、电热家电产品、电动家电产品为研究对象的基础上，确定了《广东省家电产品绿色制造技术路线图》

的边界和范围。如图 8-1 所示，主要包括了五大边界范围：绿色材料、绿色关键部件与整机、绿色生产过程、绿色终端处理及共性技术。

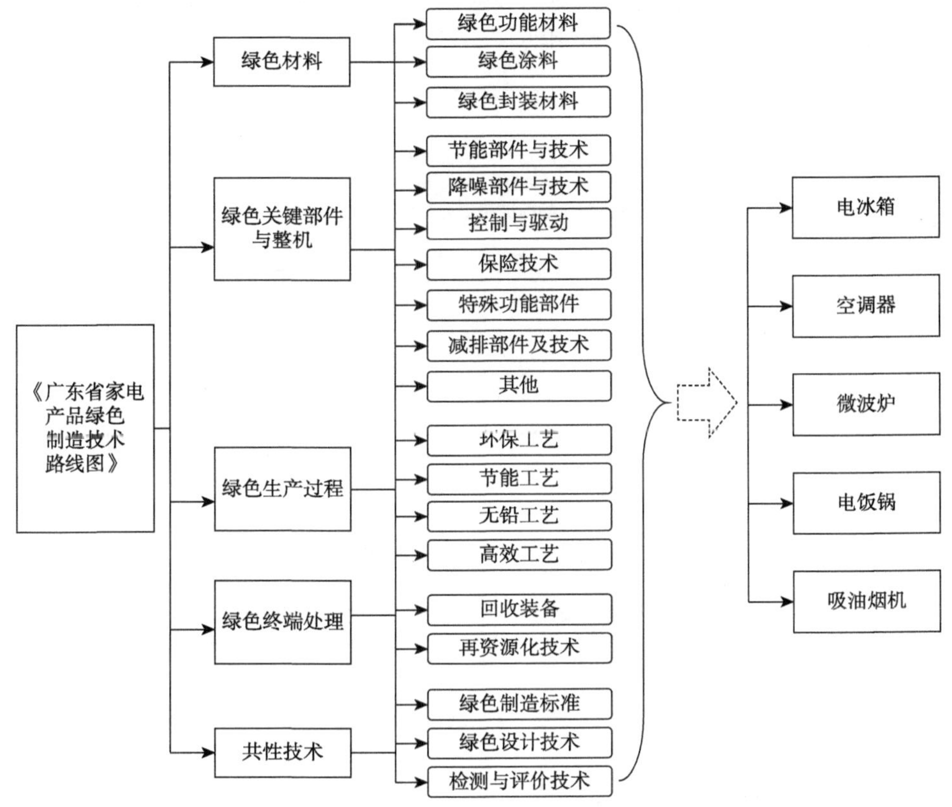

图 8-1　《广东省家电产品绿色制造技术路线图》范围

8.2　产业技术路线图的规划框架与开发过程定制

依据广东省家电产品绿色制造的目标、分析单元、范围等特殊应用情境，在计划阶段经专家委员会多次研讨，在产业技术路线图通用集成规划框架和开发过程的基础上对路线图的规划框架和开发过程进行了定制化设计。

8.2.1　路线图规划框架的定制

《广东省家电产品绿色制造技术路线图》的规划框架如图 8-2 所示。在纵向上，参照产业技术路线图通用规划框架，包括了产业演化环境、产业价值链系统、产业技术系统和产业创新系统四个层次；在横向上，按照产业技术路线图的分析单元，又将规划框架划分为三个横向模块：制冷家电产品绿色制造、电热家电产品绿色制造及电动家电产品绿色制造。

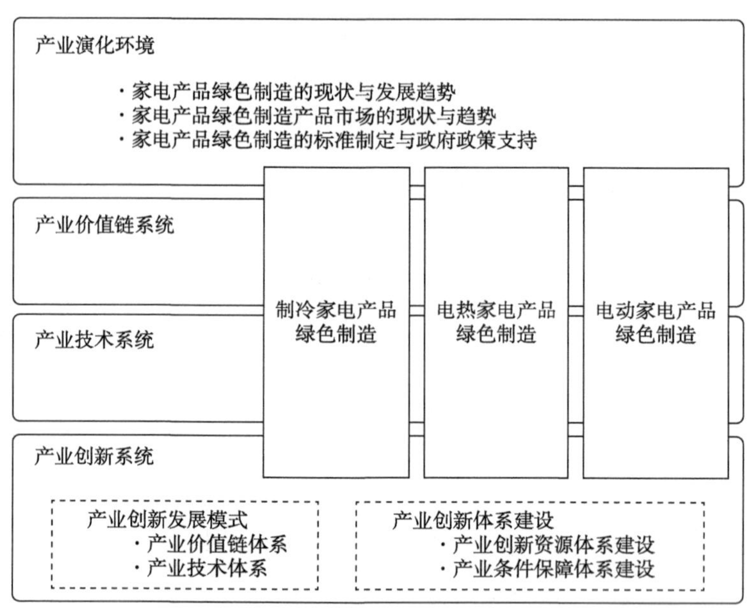

图 8-2　《广东省家电产品绿色制造技术路线图》的规划框架

最终的路线图规划框架由五个相对独立模块构成。

（1）产业演化环境。从全球、中国及广东省三个层次分别分析了制冷家电产品、电热家电产品及电动家电产品的发展现状及专利情况。通过对广东省家电产品绿色制造产业的 SWOT 分析，探索制冷家电产品绿色制造产业、电热家电产品绿色制造产业及电动家电产品绿色制造产业的市场和技术需求，对未来市场发展趋势进行解析，最终提炼出广东省家电产品绿色制造产业目标、市场规模和经济效益目标。

（2）制冷家电产品绿色制造。制冷家电产品绿色制造包括空调器产品绿色制造产业及电冰箱产品绿色制造产业。

（3）电热家电产品绿色制造。电热家电产品绿色制造主要包括微波炉产品绿色制造产业和电饭锅产品绿色制造产业两大类。

（4）电动家电产品绿色制造。电动家电产品绿色制造以吸油烟机产品绿色制造产业为主。

（5）产业创新系统。产业创新系统包括产业创新发展模式及产业创新体系建设两个子层次。

根据路线图分析单元（制冷家电产品、电热家电产品、电动家电产品）的技术与产业发展趋势，《广东省家电产品绿色制造技术路线图》的规划时间区间设定为 2012～2022 年，规划区间跨度为 10 年。

8.2.2　路线图开发过程的定制

为全面做好路线图制定的组织、管理和实施工作，根据路线图项目实施内容和特点，建立了如图 8-3 所示的《广东省家电产品绿色制造技术路线图》的“3+4”组织推进模式，包括 3 条运行主线（项目实施主线、专家支持主线、过程监督主线）和 4 层工作结构（领导层、组织层、实施层、技术支持层）。

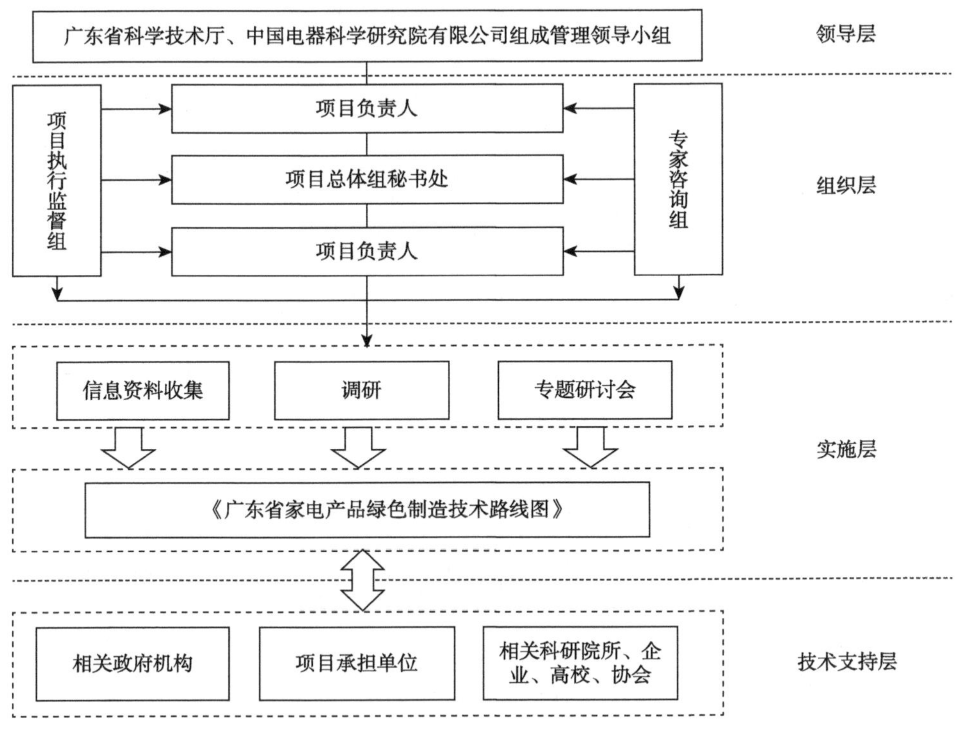

图 8-3　《广东省家电产品绿色制造技术路线图》的“3+4”组织推进模式

《广东省家电产品绿色制造技术路线图》的制定过程是对制冷家电产品、电热家电产品及电动家电产品的市场与技术发展历程学习和研究的过程。在进行大量的调研和理论分析之后，核心工作团队内部召开了十余次路线图研讨会，统一了路线图制定的基本思想。

《广东省家电产品绿色制造技术路线图》的制定流程按照“前期准备—中期专题研讨会与路线图绘制—后期推广实施”这一主线展开，具体流程及不同工作阶段所采用方法如图 8-4 所示。

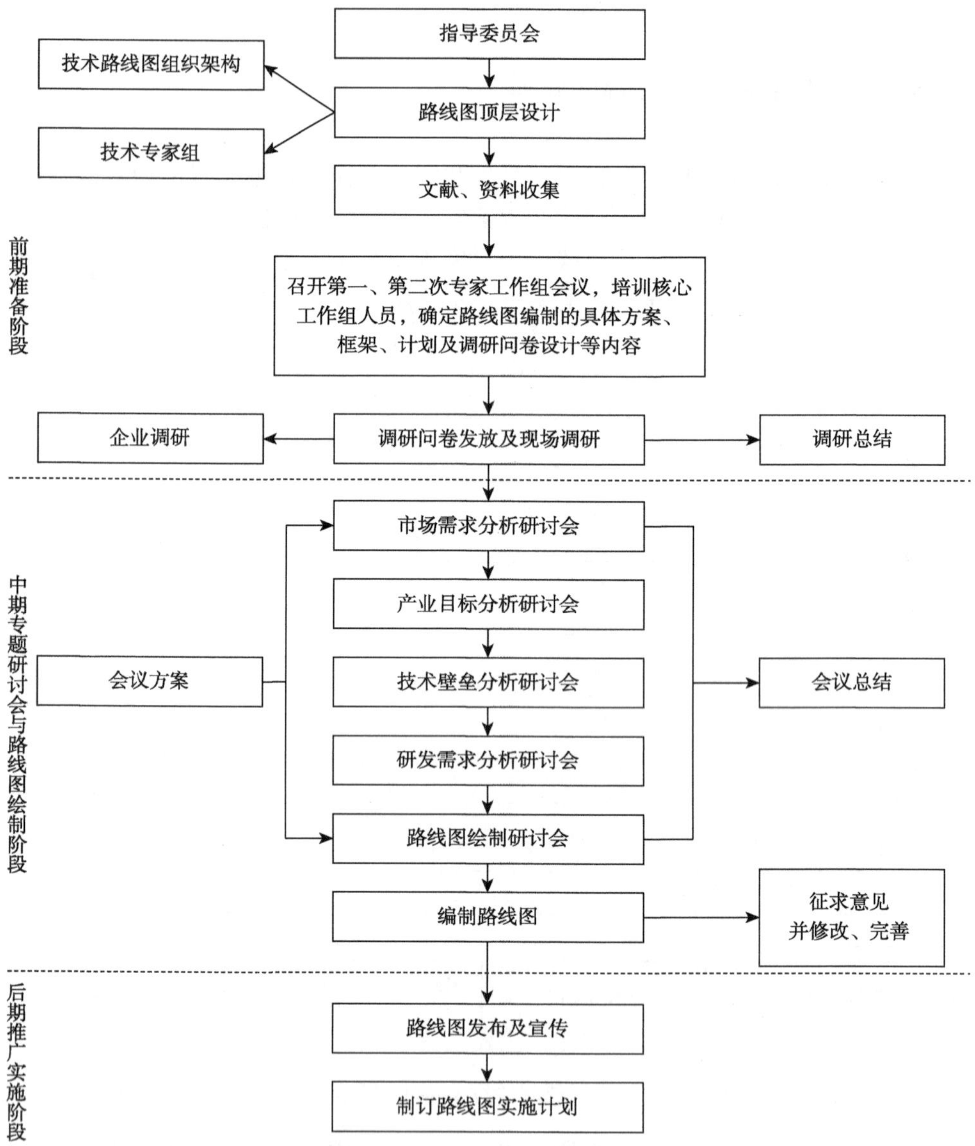

图 8-4 《广东省家电产品绿色制造技术路线图》制定流程

具体路线图制定各个阶段的活动如下。

（1）前期准备阶段。建立由家电产品绿色制造领域的骨干企业及科研院所人员组成的技术路线图组织架构，确定“领军人物”，成立技术专家组，并建立来自官、产、学、研、用五个方面家电产品绿色制造领域的专家库。依据前期的资料收集及广东省家电产业特点，从家电产品的生命周期角度出发，初步确定广东省绿色家电产业的边界范围，系统开展相关的专利分析，从专家、企业等层面开展问卷和现场调研，为后续的专题研讨会的召开积累数据和信息。

（2）中期专题研讨会与路线图绘制阶段。根据产业技术路线图制定过程，结合我国家电产品绿色制造技术现状，在充分的前期准备工作完成后，围绕市场需求、产业目标、技术壁垒、研发需求等主题进行调研，先后多次召开高质量专题研讨会，收集大量的行业信息和数据，获得产品市场需求要素及排序、产业目标要素及排序、技术壁垒及排序、研发需求项目及优先级分类等。在上述活动的基础上，进行《广东省家电产品绿色制造技术路线图》的制定工作。同时，从产业价值链体系、产业技术体系、产业创新体系三大方面探索广东省家电产品绿色制造的产业创新发展模式，最终完成《广东省家电产品绿色制造技术路线图》的制定。

（3）后期推广实施阶段。以产业联盟为依托，对路线图的研究成果从政府、行业、专家三个层面进行宣传、推广，同时积极探索良好的官、产、学、研、用互动机制，组织实施管理制度，有效地与国际相关机构进行接轨。并通过对路线图成果的实施，形成一系列路线图项目实施建议，为政府及相关机构制定产业发展规划提供科学参考。

8.3　小　　结

绿色制造是世界发展潮流，也是我国家电产业实现转型升级和可持续发展的必然选择。《广东省家电产品绿色制造技术路线图》对制冷家电产品、电热家电产品及电动家电产品的特殊应用情境进行了探索分析，确立了广东省家电产品绿色制造产业在市场拉动下的产业目标，识别出产业“薄弱”环节，提炼出广东省家电产业所涉及的主要技术领域的重大科研需求与技术项目，并确定其优先排序，指出项目的技术难点及风险、完成的时间节点等，分别制定了制冷家电产品绿色制造技术分路线图、电热家电产品绿色制造技术分路线图及电动家电产品绿色制造技术分路线图。最终的《广东省家电产品绿色制造技术路线图》于 2012 年正式发布，成为政府相关政策制定、科研院所和企业技术研究及产品开发的重要参考坐标。

参 考 文 献

郭俊芳，汪雪锋，邱鹏君，等. 2014. 基于 SAO 分析的技术路线图构建研究. 科学学研究，(7)：976-981，1002.

黄萃，徐磊，钟笑天，等. 2014. 基于政策工具的政策-技术路线图（P-TRM）框架构建与实证分析——以中国风机制造业和光伏产业为例. 中国软科学，(5)：76-84.

黄慧玲. 2013. 基于 TRIZ 理论的产业技术路线图研究. 科技管理研究，(13)：133-136.

蒋玉涛，汤勇力，曾路，等. 2013. 产业技术路线图在我国的应用研究. 广东科技，(11)：42-44.

李剑，黄鲁成，常金平. 2010. 基于技术路线图的太阳能电池产业化过程中关键技术的研究. 中国科技论坛，(2)：67-71，125.

李欣，黄鲁成. 2014. 基于技术路线图的新兴产业形成路径研究. 科技进步与对策，(1)：44-49.

李雪凤，仝允桓，谈毅. 2004. 技术路线图——一种新型技术管理工具. 科学学研究，(S1)：89-94.

李遵白，吴贵生. 2011. 基于技术路线图的物联网产业布局研究. 企业经济，(6)：10-14.

刘传林，陈坤，张瑛. 2010. 技术路线图制定流程及其柔性机制研究. 科学学与科学技术管理，(4)：50-55.

莫愁，陈吉清，温宗孔，等. 2013. 电动汽车产业技术路线图制定实践研究. 科技管理研究，(19)：83-88.

盛济川，曹杰. 2011. 低碳产业技术路线图分析方法研究. 科学学与科学技术管理，(11)：85-92.

谈毅，黄海波. 2008. 基于技术路线图的产业发展战略研究——以台湾 WiMAX 技术发展为例. 科技进步与对策，(9)：57-61.

许冠南，苏竣，智强. 2014. 引入政策维度的技术路线图分析工具创新. 科技进步与对策，(12)：110-113.

曾路，孙永明. 2007. 产业技术路线图原理与制定. 广州：华南理工大学出版社.

曾路，汤勇力，李从东. 2014. 产业技术路线图：探索战略性新兴产业培育路径. 北京：科学出版社.

张华平，高凯，黄河燕，等. 2014. 大数据搜索与挖掘. 北京：科学出版社.

张俊祥，李振兴，武治印. 2009. 我国生物制药产业技术路线图研究. 中国科技论坛，(6)：37-41.

张烁，程家瑜. 2011. 我国战略性新兴产业发展阶段研究. 中国科技论坛，(6)：15-18.

张哲，冯宗宪. 2012. 产业技术路线图的多级模糊综合评价研究. 科技进步与对策，(4)：105-109.

中国科学院. 2009. 科技革命与中国的现代化. 北京：科学出版社.

Abernathy W J，Utterback J. 1978. Patterns of industrial innovation. Technology Review，80 (7)：40-47.

Albright R E，Kappel T A. 2003. Roadmapping in the corporation. Research-Technology Management，46：31-40.

Amer M, Daim T U. 2010. Application of technology roadmaps for renewable energy sector. Technological Forecasting and Social Change, 77: 1355-1370.

Asheim B T, Coenen L. 2005. Knowledge bases and regional innovation systems: comparing nordic clusters. Research Policy, 34 (8): 1173-1190.

Barker D, Smith D J H. 1995. Technology foresight using roadmaps. Long Range Planning, 28 (2): 21-28.

Beeton D A, Phaal R, Probert D R. 2008. Exploratory roadmapping for foresight. International Journal of Technology Intelligence and Planning, 4 (4): 398-412.

Blackwell A F, Phaal R, Eppler M, et al. 2008. Strategy roadmaps: new forms, new practices. Lecture Notes in Computer Science, 5223: 127-140.

Blair A J. 2009. Working toward producing sustainable biodiesel in the Pacific Northwest: analysis and implementation using the T-Plan technology roadmapping approach. Portland International Conference on Management of Engineering and Technology (PICMET '09).

Bray O. 2003. Technology roadmapping for waste management. Waste Management Conference.

Carvalho M M, Fleury A, Lopes A P. 2013. An overview of the literature on technology roadmapping (TRM): contributions and trends. Technological Forecasting and Social Change, 80: 1418-1437.

Coutinho P, Bomtempo J V. 2010. A technology roadmap in renewable raw materials: a basis for public policy and strategies in Brazil. Quimica Nova, 34: 910-916.

Daim T U, Oliver T. 2008. Implementing technology roadmap process in the energy services sector: a case study of a government agency. Technological Forecasting and Social Change, 75: 687-720.

de Laat B, McKibbin S. 2003. The Effectiveness of Technology Road Mapping Building a Strategic Vision. Dutch Ministry of Economic Affairs.

Dissel M C, Phaal R, Farrukh C J, et al. 2009. Value roadmapping. Research-Technology Management, 52: 45-53.

Edquist C. 2006. Systems of innovation: perspectives and challenges//Fagerberg J, Mowery D. Oxford Handbook of Innovation. Oxford: Oxford University Press: 181-208.

EIRMA. 1997. Technology roadmapping - delivering business vision. European Industry Research Management Association, Working Group Report No. 52, Paris.

Eisenhardt K M, Graebner M E. 2007. Theory building from cases: opportunities and challenges. Academy of Management Journal, 50: 25-32.

Fleury A L, Hunt F, Spinola M, et al. 2006. Customizing the technology roadmapping technique for software companies. Portland International Conference on Management of Engineering and Technology (PICMET).

Fujii M, Ikawa Y. 2008. The development of simplified technology roadmapping for use by Japanese chemical companies. Portland International Conference on Management of Engineering and Technology (PICMET).

Galvin R. 1998. Science roadmaps. Science, 280 (5365): 803.

Garcia M L. 1997. Introduction to technology roadmapping: the Semiconductor Industry Association's technology roadmapping process. Report SAND97-0666, Sandia National Laboratories.

Garcia M L, Bray O H. 1997. Fundamentals of technology roadmapping. Report SAND97-0665, Sandia National Laboratories.

Gerdsri N, Kocaoglu D F. 2007. Applying the analytic hierarchy process (AHP) to build a strategic framework for technology roadmapping. Mathematical and Computer Modelling, 46: 1071-1080.

Gerdsri N, Vatananan R S, Dansamasatid S. 2009. Dealing with the dynamics of technology roadmapping implementation: a case study. Technological Forecasting and Social Change, 76: 50-60.

Groenveld P. 1997. Roadmapping integrates business and technology. Research-Technology Management, 40: 48-55.

Grossman D S. 2004. Putting technology on the road. Research-Technology Management, 47: 41-46.

Holmes C, Ferrill M. 2005. The application of operation and technology roadmapping to aid Singaporean SMEs identify and select emerging technologies. Technological Forecasting and Social Change, 72: 349-357.

Holmes C J, Ferrill M B A, Phaal R. 2004. Reasons for roadmapping: a study of the Singaporean SME manufacturing sector. IEEE International Engineering Management Conference.

Jeffrey H, Sedgwick J, Robinson C. 2013. Technology roadmaps: an evaluation of their success in the renewable energy sector. Technological Forecasting and Social Change, 80: 1015-1027.

Kajikawa Y, Usui O, Hakata K, et al. 2008. Structure of knowledge in the science and technology roadmaps. Technological Forecasting and Social Change, 75: 1-11.

Kappel T A. 2001. Perspectives on roadmaps: how organizations talk about the future. Journal of Product Innovation Management, 18: 39-50.

Kostoff R N, Boylan R, Simons G R. 2004. Disruptive technology roadmaps. Technological Forecasting and Social Change, 71: 141-159.

Kostoff R N, Schaller R R. 2001. Science and technology roadmaps. IEEE Transactions on Engineering Management, 48: 132-143.

Lee S, Kang S, Park Y, et al. 2007. Technology roadmapping for R&D planning: the case of the Korean parts and materials industry. Technovation, 27: 433-445.

Lee S, Park Y. 2005. Customization of technology roadmaps according to roadmapping purposes: overall process and detailed modules. Technological Forecasting and Social Change, 72: 567-583.

Malerba F. 2002. Sectoral systems of innovation and production. Research Policy, 31: 247-264.

McDowall W. 2012. Technology roadmaps for transition management: the case of hydrogen energy. Technological Forecasting and Social Change, 79: 530-542.

McMillan A. 2003. Technology roadmapping: roadmapping-agent of change. Research-Technology Management, 46: 40-47.

Miles M B, Huberman A M. 1994. Qualitative Data Analysis. Thousand Oaks: Sage Publications.

Müeller-Seitz G. 2012. Absorptive and desorptive capacity-related practices at the network level—the case of SEMATECH. R&D Management, 42: 90-99.

Okutsu S, Tschirky H, Kijima K. 2003. Bringing technology management into academic science and engineering laboratory - through the fusion of soft systems methodology and technology road mapping. Portland International Conference on Management of Engineering and Technology (PICMET).

Phaal R. 2011. Public-Domain Roadmaps. Cambridge: University of Cambridge.

Phaal R, Farrukh C J P, Mitchell R, et al. 2003. Starting-up roadmapping fast. Research-Technology Management, 46: 52-59.

Phaal R, Farrukh C J P, Probert D R. 2001. T-Plan: the Fast-start to Technology Roadmapping—Planning Your Route to Success. Cambridge: University of Cambridge.

Phaal R, Farrukh C J P, Probert D R. 2004a. Customizing roadmapping. Research Technology Management, 47 (2): 26-37.

Phaal R, Farrukh C J P, Probert D R. 2004b. Technology roadmapping—a planning framework for evolution and revolution. Technological Forecasting and Social Change, 71: 5-26.

Phaal R, Farrukh C J P, Probert D R. 2005. Developing a technology roadmapping system. Technology Management: A Unifying Discipline for Melting the Boundaries (PICMET).

Phaal R, Farrukh C J P, Probert D R. 2007. Strategic roadmapping: a workshop-based approach for identifying and exploring innovation issues and opportunities. Engineering Management Journal, 19 (1): 3-12.

Phaal R, Muller G. 2009. An architectural framework for roadmapping: towards visual strategy. Technological Forecasting and Social Change, 76: 39-49.

Probert D R, Radnor M. 2003. Frontier experiences from industry-academia consortia. Research-Technology Management, 46: 27-30.

Radnor M, Probert D R. 2004. Technology roadmapping. Research-Technology Management, 47: 24-37.

Rea D G, Brooks H, Burger R M, et al. 1997. The semiconductor industry-model for industry/university/government cooperation. Research-Technology Management, 40: 46-54.

Saritas O, Aylen J. 2010. Using scenarios for roadmapping: the case of clean production. Technological Forecasting and Social Change, 77: 1061-1075.

Schaller R R. 2001. Technological innovation in the semiconductor industry: a case study of the international technology roadmap for semiconductors (ITRS). Portland International Conference on Management of Engineering and Technology.

Strauss J D, Radnor M. 2004. Roadmapping for dynamic and uncertain environments. Research-Technology Management, 47: 51-57.

Tranfield D, Denyer D, Smart P. 2003. Towards a methodology for developing evidence-informed management knowledge by means of systematic review. British Journal of Management, 14 (3): 207-222.

UNIDO. 2005. UNIDO Technology Foresight Manual, Volume1: Organization and Methods. Vienna: United Nations Industrial Development Organization.

Utterback J. 1994. Mastering the Dynamics of Innovation. Harvard: Harvard Business School Press.

Vatananan R S, Gerdsri N. 2012. The current state of technology roadmapping (TRM) research and practice. International Journal of Innovation and Technology Management, 9 (4): 1250032.

Wang J, Chen M. 2012. Management status of end-of-life vehicles and development strategies of used automotive electronic control components recycling industry in China. Waste Management & Research, 30: 1198-1207.

Wells R, Phaal R, Farrukh C, et al. 2004. Technology roadmapping for a service organization. Research-Technology Management, 47: 46-51.

Whalen P J. 2007. Strategic and technology planning on a roadmapping foundation. Research-Technology Management, 50: 40-51.

Willyard C H, McClees C W. 1987. Motorola's technology roadmap process. Research Management,

30：13-19.

Yasunaga Y，Watanabe M，Korenaga M. 2009. Application of technology roadmaps to governmental innovation policy for promoting technology convergence. Technological Forecasting and Social Change，76：61-79.

Yin R K. 2009. Case Study Research：Design and Methods. 4th ed. Thousand Oaks：SAGE Publications.

Zhang Y，Zhou X，Porter A L，et al. 2014. How to combine term clumping and technology roadmapping for newly emerging science & technology competitive intelligence: "problem & solution" pattern based semantic TRIZ tool and case study. Scientometrics，101：1375-1389.